SOCIOLOGIA DA EDUCAÇÃO
da sala de aula aos conceitos gerais

Conselho Acadêmico
Ataliba Teixeira de Castilho
Carlos Eduardo Lins da Silva
Carlos Fico
Jaime Cordeiro
José Luiz Fiorin
Magda Soares
Tania Regina de Luca

Proibida a reprodução total ou parcial em qualquer mídia
sem a autorização escrita da editora.
Os infratores estão sujeitos às penas da lei.

A Editora não é responsável pelo conteúdo deste livro.
O Autor conhece os fatos narrados, pelos quais é responsável,
assim como se responsabiliza pelos juízos emitidos.

Os textos reproduzidos neste livro estão de acordo com o item VIII do artigo 46
do capítulo IV da Lei n. 1610, segundo o qual não constitui ofensa ao direito autoral:
"a reprodução, em quaisquer obras, de pequenos trechos de obras preexistentes, de qualquer
natureza, ou de obra integral, quando de artes plásticas, sempre que a reprodução em si não
seja o objetivo principal da obra nova e que não prejudique a exploração normal da obra
reproduzida nem cause um prejuízo injustificado aos legítimos interesses dos autores".

Consulte nosso catálogo completo e últimos lançamentos em **www.editoracontexto.com.br**.

Nelson Piletti

SOCIOLOGIA DA EDUCAÇÃO
da sala de aula aos conceitos gerais

Copyright © 2022 do Autor

Todos os direitos desta edição reservados à
Editora Contexto (Editora Pinsky Ltda.)

Foto de capa
Sam Balye/Unsplash

Montagem de capa e diagramação
Gustavo S. Vilas Boas

Preparação de textos
Lilian Aquino

Revisão
Mariana Carvalho Teixeira

Dados Internacionais de Catalogação na Publicação (CIP)
Angélica Ilacqua CRB-8/7057

Piletti, Nelson
Sociologia da educação : da sala de aula aos conceitos gerais / Nelson Piletti. – São Paulo : Contexto, 2022.
160 p.

Bibliografia
ISBN 978-65-5541-125-6

1. Sociologia educacional 2. Educação 3. Pedagogia
I. Título

21-5137   CDD 370.19

Índice para catálogo sistemático:
1. Sociologia educacional

2022

EDITORA CONTEXTO
Diretor editorial: *Jaime Pinsky*

Rua Dr. José Elias, 520 – Alto da Lapa
05083-030 – São Paulo – SP
PABX: (11) 3832 5838
contexto@editoracontexto.com.br
www.editoracontexto.com.br

Sumário

Introdução 9

A organização da classe 12
    Espaço físico: opressão ou libertação? 12
    A divisão do tempo e suas consequências 14
    Classificação intelectual e aprendizagem 16
    Texto complementar 17
    Questões propostas 19

A formação da turma: do isolamento à cooperação 20
    Superando o isolamento 21
    A busca da interação 23
    A caminho da cooperação 25
    Texto complementar 27
    Questões propostas 29

O mundo visto pelos alunos 30
    A cultura que chega à sala de aula 30
    A sala de aula e o mundo do trabalho 32
    Desigualdades sociais: como enfrentá-las? 34
    Participação política: o caminho da mudança 35
    Texto complementar 37
    Questões propostas 39

ALUNOS E PROFESSORES EM BUSCA DE REALIZAÇÃO **40**
    Alunos: o comum e o diferente 40
    Quem é o professor? 42
    "Mestre é quem de repente aprende" 44
    Texto complementar 45
    Questões propostas 47

DA SALA DE AULA À ESCOLA **48**
    Grupos que formam a escola 48
    Mecanismos de sustentação dos agrupamentos escolares 53
    Texto complementar 56
    Questões propostas 59

ESCOLA-COMUNIDADE: A INTERAÇÃO NECESSÁRIA **60**
    Conhecer a realidade é o ponto de partida 60
    A escola na comunidade 62
    A comunidade na escola 63
    Escola e organização comunitária 65
    Texto complementar 66
    Questões propostas 68

EDUCAÇÃO FORA E DENTRO DA ESCOLA **69**
    A educação como processo social 69
    Educação fora da escola 72
    Educação escolar 74
    Texto complementar 75
    Questões propostas 77

EDUCAÇÃO PARA A MANUTENÇÃO DA ORDEM **78**
    A reprodução 78
    A repetição 81
    A segregação 82
    O condicionamento 84
    A repressão 85
    A exclusão 86
    Texto complementar 87
    Questões propostas 89

EDUCAÇÃO PARA A TRANSFORMAÇÃO SOCIAL **90**
    A descoberta 91
    A invenção 92
    A visão de conjunto 94
    A espontaneidade 95
    A liberdade 96
    A participação 97
    Texto complementar 98
    Questões propostas 99

INTERAÇÃO SOCIAL: PROCESSOS BÁSICOS **100**
    O isolamento e suas manifestações 101
    Processos de interação social 103
    Motivos da interação 106
    Texto complementar 108
    Questões propostas 112

GRUPOS E CLASSES SOCIAIS **113**
    Inúmeros grupos formam a sociedade 113
    A estratificação social e suas formas 115
    Marx e as classes sociais 117
    Texto complementar 119
    Questões propostas 120

CULTURA E ORGANIZAÇÃO SOCIAL **121**
    O que é cultura? 121
    Etnocentrismo X relativismo cultural 124
    Formas de organização social 125
    Sociedade capitalista 126
    Sociedade socialista 127
    Texto complementar 129
    Questões propostas 131

CONTROLE E MUDANÇA SOCIAL **132**
    Controle social: o que é e como se processa 132
    A mudança social e seus processos 135
    Reforma e revolução 139
    Texto complementar 141
    Questões propostas 143

SOCIOLOGIA E EDUCAÇÃO **144**
    O que é Sociologia? 144
    Breve história 148
    A Sociologia e seus métodos 150
    A Sociologia e o trabalho pedagógico 153
    Texto complementar 154
    Questões propostas 156

BIBLIOGRAFIA **157**

O AUTOR **159**

Introdução

O que acontece no interior da sala de aula está longe de restringir-se à vontade dos principais personagens que nela atuam, os alunos e os professores. O trabalho escolar sofre uma influência decisiva das condições mais amplas vigentes na comunidade e na sociedade em que se situa a escola.

O principal objetivo deste livro é estimular a reflexão sobre este entrecruzamento de relações que se estabelecem entre a sala de aula, a escola, a comunidade e a sociedade, em busca tanto dos limites quanto das perspectivas que tal sistema impõe ao processo educativo.

E uma das características fundamentais deste texto é que se procura alcançar o objetivo proposto de uma forma até certo ponto original, diferente da que parece usual. Ao invés de proceder do geral ao particular, segue-se o caminho inverso: da sala de aula, em sua organização interna, passa-se pelo estudo da escola, em sua interação com a comunidade, e pela análise das relações entre educação e sociedade, e chega-se à análise dos processos sociais básicos estudados pela Sociologia, na perspectiva do trabalho pedagógico do professor.

Espero sinceramente que, desse modo, o estudo da Sociologia da Educação possa contribuir para capacitar o leitor, de modo especial o estudante e o docente, a compreender a realidade social em que vive e a participar ativamente na sua transformação.

Nesse sentido, procurei selecionar, organizar e expor os conteúdos e adotar uma linguagem que fossem adequados aos principais públicos a que se destinam, em particular os estudantes dos cursos de Pedagogia/Educação e de Licenciatura, bem como os professores de um modo geral.

Quanto aos conteúdos, nos primeiros quatro capítulos o foco é a sala de aula e os atores que nela atuam de forma direta, ou seja, professores e alunos: a organização física, temporal e intelectual da classe; a formação da turma: do isolamento à cooperação; o mundo visto pelos alunos: a cultura, o trabalho, a desigualdade social, a participação política; alunos e professores em busca de realização, com suas características próprias e diferenciadas.

Já os capítulos "Da sala de aula à escola" e "Escola-comunidade: a interação necessária" tratam da escola em que se insere a sala de aula, com os grupos que a formam e seus mecanismos de sustentação; bem como da interação necessária entre escola e comunidade, propondo um contínuo intercâmbio entre ambas, com vistas a uma maior eficiência do processo de aprendizagem.

Educação e sociedade é o tema geral dos capítulos "Educação fora e dentro da escola", "Educação para a manutenção da ordem" e "Educação para a transformação social".

Finalmente, nos últimos cinco capítulos são analisados os conceitos gerais da Sociologia e sua importância para a educação, principalmente na formação de professores aptos a atuar nas atuais condições da realidade brasileira: os processos básicos de interação social e seus motivos; os grupos, as instituições e as classes sociais; cultura e organização social: etnocentrismo, relativismo cultural, formas de organização social; controle e mudança social e seus processos básicos; a Sociologia, sua história e seus métodos, suas contribuições ao trabalho pedagógico.

Procurei escrever o livro numa linguagem simples e direta, ao mesmo tempo instigante e problematizadora, buscando ajudar o leitor a desenvolver o conhecimento sociológico acerca da educação a partir da realidade concreta em que vive.

Outra peculiaridade do texto é a utilização de numerosos exemplos e testemunhos extraídos da realidade brasileira, principalmente da vida escolar, constituindo-se em constante estímulo à pesquisa, à reflexão e à discussão. Com os mesmos objetivos foram incluídos textos complementares e propostas questões no final de cada capítulo.

Concluindo, posso afirmar que procurei elaborar um texto que ultrapassasse o simples diagnóstico da situação, oferecendo sugestões e apontando caminhos que levem à superação da crise da educação brasileira, que continua excluindo grandes contingentes de crianças e jovens do nosso país, de modo especial os mais pobres.

Mais do que nunca precisamos unir esforços pela melhoria quantitativa e qualitativa da educação brasileira, com base na valorização do ser humano e na democratização efetiva da sociedade e da escola. Nesse sentido, agradeço antecipadamente as críticas e sugestões que forem oferecidas para o aperfeiçoamento deste livro.

A ORGANIZAÇÃO DA CLASSE

Basicamente, a educação escolar se desenvolve dentro da sala de aula, onde se reúnem um professor e uma turma de alunos. Professor e alunos, com características próprias e histórias diferentes, formam um grupo social. Neste capítulo fazemos algumas observações sobre a organização formal desse grupo, em seus diversos aspectos. Tal organização compreende principalmente sua estrutura, ou seja, os aspectos mais estáticos da sala de aula. Os processos de relação social, que são predominantemente dinâmicos, serão vistos no próximo capítulo.

ESPAÇO FÍSICO: OPRESSÃO OU LIBERTAÇÃO?

As relações e atitudes entre professor, aluno e trabalho desenvolvem-se no âmbito de uma organização espacial bem determinada. Tradicionalmente, essa organização consiste em carteiras enfileiradas, todas orientadas num mesmo sentido. Na frente da sala, localiza-se a mesa do professor, de tamanho maior e, por muito tempo, situada num plano mais elevado que as carteiras dos alunos.

Essa disposição física tradicional da sala tem finalidades bem explícitas. Delimita a área de atenção e dá ao professor melhores condições de supervisionar a classe e tronar-se o centro das atenções dos alunos.

De acordo com Mannheim e Stewart (1964: 131-2):

a carteira ajuda a indicar a sobriedade do comportamento esperado; as fileiras, a mostrar o cuidado do planejamento e os hábitos que os professores esperam ver aparecendo em seus alunos; e a disposição destes elementos representa, no conjunto, uma "unidade" para o ensino de classe, de tal modo que muitos professores não se sentiriam à vontade se não tivessem essas fileiras com as quais trabalhar: poderiam achar que a classe se tornaria, então, desordenada e desocupada, ao menos em sua aparência.

Dentro dessa organização tradicional, geralmente se espera que os alunos permaneçam imóveis em suas carteiras, realizando individualmente o trabalho que lhes é imposto pelo professor. Este pode movimentar-se livremente pela sala, entre as fileiras, supervisionando e controlando os alunos.

Essa organização física da sala de aula resulta de uma concepção de educação centralizada no professor – um ser superior, investido de autoridade, a quem cabe impor um sistema de trabalho e tomar todas as decisões. Aos alunos cabe ouvir o professor, fazer o que lhes é exigido e, nas provas, devolver a matéria exatamente como a receberam. O resultado parece ser o individualismo, a passividade e a submissão dos alunos.

Outra concepção de educação é aquela centralizada nos alunos e nas atividades. Educador e educandos crescem a partir da situação de aprendizagem, que consiste num trabalho conjunto, com vistas aos mesmos objetivos. A preocupação está mais centralizada na aprendizagem e em criar condições adequadas para que ela ocorra do que no ensino como transmissão pura e simples de conhecimentos.

Da segunda concepção de educação resultam diferentes formas de organização espacial da sala de aula, entre as quais:

- várias mesas, cada uma delas ocupada por um grupo de quatro ou cinco alunos, que trabalham em conjunto, com a assessoria e a participação do professor;
- carteiras dispostas de maneira a formar um grande círculo, para aulas com a participação de toda a turma, em que o professor ocupa uma das carteiras, assumindo uma posição de igualdade em relação aos alunos.

Essas duas disposições espaciais da sala de aula, em vez de reprimir, estimulam a comunicação entre os alunos, o trabalho cooperativo e a participação do educador de igual para igual com os educandos, como alguém que, tendo mais experiência, pode orientar a aprendizagem. Aqui, os objetivos da educação tendem a ser a promoção da solidariedade, da participação e da independência dos alunos. Mais do que a unidade de pontos de vista, que coincide com o ponto de vista do professor e é análoga à unidade física da sala de aula, as organizações alternativas aqui propostas favorecem o desenvolvimento da pluralidade de ideias, da discussão, da compreensão do aluno como sujeito da própria educação.

A DIVISÃO DO TEMPO E SUAS CONSEQUÊNCIAS

O tempo de escola e de sala de aula é bem controlado. O ano se divide em dias letivos, feriados e férias. Os dias letivos, por sua vez, são divididos em dois períodos distintos: o período em que o aluno está na escola e o período em que está fora da escola. O tempo escolar diário varia bastante no Brasil: há escolas com vários turnos diários, com o tempo de cada turno reduzido em função do número de turnos; há outras, ainda em minoria, com um único turno, ou seja, em tempo integral.

Há educadores que defendem uma permanência maior do educando na escola, principalmente em face da realidade brasileira, em que, fora da escola, crianças e jovens enfrentam condições muito precárias. Entretanto, outros perguntam: de que adianta crianças e jovens ficarem mais horas na escola se esta não lhes oferece condições adequadas de desenvolvimento e de educação? Muitas vezes, fora da escola, a criança pode dedicar-se a atividades mais diversificadas, mais livres e espontâneas, e sentir-se melhor que na escola. Portanto, não basta que crianças e jovens fiquem na escola por ficar, enfrentando a monotonia e a rotina que podam sua criatividade e suas potencialidades; é necessário que as escolas ofereçam condições reais de desenvolvimento para crianças e jovens, nos vários aspectos de sua vida.

O tempo diário de escola também se divide em dois períodos principais: o período de sala de aula e o extrassala, este geralmente restrito ao tempo de recreio e às aulas de educação física. Eventualmente podem ocorrer eventos esportivos e atividades artísticas.

O tempo de sala de aula também é bastante dividido, geralmente entre as diversas matérias do currículo e, em cada uma dessas matérias, em diferentes atividades: aula expositiva, exercícios, correção dos exercícios, leitura, ditado, cópia etc.

Tantas divisões em períodos de tempo distintos e dedicados a atividades diversas podem acarretar uma certa fragmentação e até uma rotinização do trabalho escolar. Este pode tornar-se mais ou menos automático, tanto para o professor quanto para os alunos, e o resultado pode ser um excesso de formalismo em que a aprendizagem e o desenvolvimento pessoal e social, objetivos primeiros do processo educativo, acabam ficando em segundo plano. Resta a impressão de que se dá mais importância ao cumprimento dos ritos estabelecidos – horários de entrada e saída, pontos a serem ensinados, posição dos alunos na sala etc. – do que à educação propriamente dita.

Essa rotinização e essa ritualização das atividades de sala de aula podem chegar ao extremo de tolher toda e qualquer liberdade de alunos e professores. Alguns professores já recebem a matéria apostilada, com seus respectivos exercícios, tudo estabelecido para o tempo de aula, 45, 50 minutos. Outros muitas vezes limitam-se a reproduzir na lousa ou em forma de ditado a matéria tal qual se encontra no livro didático. A discussão de dúvidas ou de outros assuntos do interesse dos alunos, muitas vezes, é encarada como "perda de tempo", prejudicando a transmissão da matéria. Dessa forma, o professor corre o risco de transformar-se numa espécie de "máquina de ensinar", atuando por controle remoto, enquanto os alunos são reduzidos a meros receptores de informação, a qual, atualmente, podem até conseguir de forma mais rápida e diversificada por outros meios, como a internet.

A liberdade de professores e alunos para dispor do tempo de sala de aula é de fundamental importância para o processo educativo, desde que pretenda formar pessoas e não fabricar autômatos.

CLASSIFICAÇÃO INTELECTUAL E APRENDIZAGEM

As turmas de sala de aula costumam ser organizadas de acordo com o nível intelectual dos alunos. Esse nível é comumente determinado através de provas periódicas aplicadas pelos professores. No final de cada ano, o aluno é promovido para a série seguinte ou reprovado, devendo repetir a mesma série no próximo ano. A reprovação produz resultados adversos para a própria aprendizagem e para a continuidade dos estudos: alunos reprovados podem sair da escola convencidos de que não têm condições para continuar estudando. Na verdade, altos índices de reprovação podem atestar mais a inadequação da própria escola do que a incapacidade dos alunos.

O que se alega em defesa da hierarquização dos alunos segundo um suposto nível intelectual é a finalidade de facilitar a aprendizagem, já que o professor pode promover atividades mais adequadas ao estágio de desenvolvimento dos alunos. Assim, a graduação hierárquica, de acordo com o suposto desenvolvimento intelectual, permitiria a organização de grupos mais homogêneos e, portanto, produziria um ensino mais eficiente.

Entretanto, muitas vezes essa hierarquização pode levar a distorções, nas quais os próprios professores incorrem:

> Para eles, seleção e hierarquização existem a fim de promover competição, que tem como principal objetivo destacar os melhores do ponto de vista intelectual. A graduação não é vista como um auxílio para um ensino mais eficiente, mas, antes, como um meio de indicar graus de "sucesso" e de "fracasso". (Mannheim e Stewart, 1964: 132)

Ainda há casos em que a hierarquização, muitas vezes, também se verifica dentro de uma mesma turma. Os alunos são separados em "melhores" e "piores" da sala, o que acaba prejudicando tanto uns quanto outros. Os que conseguem ser "bem-sucedidos", obter boas notas, podem sentir-se desestimulados a continuar buscando sempre maiores e mais amplos conhecimentos, na medida em que são considerados "os melhores" da sala e aprendem com mais facilidade a matéria ensinada. Para os outros, obter notas baixas e serem considerados "fracassados" também constitui um desestímulo à continuidade dos estudos, já que podem desenvolver um autoconceito negativo e passar a sentir-se incapazes de aprender.

A competição é quase sempre prejudicial. Muito mais prejudicial quando considerada um fim em si mesma, visando selecionar os "melhores". A atividade de sala de aula precisa ser adequada ao nível de cada aluno e considerar o desempenho de cada um, a partir de suas condições e não em comparação com os colegas.

No ensino de sala de aula verifica-se um conteúdo manifesto, explícito, que consiste nas matérias escolares que são ensinadas, na avaliação dessas matérias e no controle que o professor exerce sobre os alunos. Mas há também um conteúdo latente, implícito, que resulta da rotina da frequência, da pontualidade, da submissão à autoridade, do silêncio em classe, do reconhecimento da hierarquia. Do conteúdo latente surge a aprendizagem passiva, que compreende hábitos, atitudes, preconceitos etc. resultantes do contato constante com o ambiente de sala de aula, no qual muitas vezes nem se pensa.

A médio e longo prazo, esse conteúdo latente acaba tendo grande influência no tipo de pessoas que a escola vai formar.

TEXTO COMPLEMENTAR

A turma 111

A turma 111 é uma turma agitada, bagunceira, rebelde, crítica e violenta, para não fugir à regra. Podia ser diferente. Podia ser uma turma quieta e ordeira, mantida sob algumas ordens ou ameaças; sentem-se, calem a boca, repitam, copiem, dou zero, reprovo, sigam a cartilha, etc.

Se o professor se dispõe, como eu me dispus, a ouvir os alunos, a ouvir-lhes as músicas, as brincadeiras, as histórias – a sua cultura, enfim – e se ainda vai mais longe, liberando-os, liberando as suas censuras a fim de que deixem falar o inconsciente e o imaginário, é possível que qualquer turma de meninos bonzinhos se transforme em turma com problemas. Ou seja, qualquer turma liberada será uma turma rica em problemas, terra fértil para descobertas e para a criação.

É claro que isso tem extremos. As regras vão sendo estipuladas geralmente pelo próprio grupo. A 111 era uma turma barulhenta em que todas as crianças queriam falar ao mesmo tempo, mas as próprias crianças foram se disciplinando incomodadas pelo próprio barulho. E nós parávamos qualquer atividade para discutir assuntos como barulho em excesso, as brigas entre os próprios alunos e a violência.

Muitas vezes me senti esgotado. As quatro horas em que eu estava com a 111 me cansavam mais do que oito horas em trabalho manual.

O professor, por mais criativo que seja, não tem sempre no colete uma proposta pronta, quando algum trabalho não está satisfazendo mais as crianças. Dividíamos o nosso tempo entre atividades agitadas e atividades calmas; entre os jogos dramáticos e a escrita, esta sempre ritualizada. O que sempre achei difícil era ter trabalho diversificado na sala, ou seja, várias atividades ao mesmo tempo.

A principal razão para uma indisciplina estéril era a falta de sucesso de compreensão, de envolvimento, de resultados imediatos que a própria criança sentisse por si mesma. O fracasso num processo de trabalho marginaliza a criança, dentro do movimento da turma. A criança vê a outra criança avançar e ela própria não avança e então se revolta, quebrando todas as regras estipuladas pelo grupo, a torto e a direito. Será preciso que o professor esteja atento a esses desvios e possa procurar sempre novas formas de construir. Porque nenhuma pessoa deixará de fazer avanços dentro de processos que lhe sejam adequados. Então, se não consegui fazer muito com o Antônio Marcos, por exemplo, não é porque ele não avançasse mais e sim porque os processos que criei estavam inadequados às suas necessidades.

(LEAL, Antônio. *Fala Maria Favela*. 12. ed. São Paulo: Ática, 1993, p. 44-6.)

QUESTÕES PROPOSTAS

1. Caracterize a organização do espaço físico da sala de aula em que você estudou ao longo do ensino fundamental e médio. Ela mudou no decorrer dos anos de estudo?

2. Que consequências a divisão do tempo das atividades escolares, especialmente em relação às diversas matérias, trouxe para você quanto à eficiência da aprendizagem?

3. Como era o sistema de avaliação adotado na sua escola no ensino fundamental e médio? Ele mudou ao longo do período? Que repercussões esse sistema trouxe na aprendizagem?

4. A partir do texto de Antônio Leal, como você caracteriza a sua turma ao longo da educação básica?

A FORMAÇÃO DA TURMA: DO ISOLAMENTO À COOPERAÇÃO

A sala de aula está longe de formar um grupo homogêneo e coeso, cuja única distinção seria entre alunos e professores e que estaria permanentemente voltado para a consecução de objetivos comuns. Tanto a origem social diversa dos membros do grupo (gênero, família, classe social etc.) quanto as experiências de sua convivência na sala de aula produzem numerosos e variáveis processos de interação social, ao mesmo tempo que se formam diferentes subgrupos, mais ou menos estáveis e duradouros.

Esses subgrupos podem ter por base o gênero, as condições familiares e experiências fora da escola, as condições socioeconômicas, a própria experiência escolar etc. O professor não é o único líder; lideranças de alunos surgem e desaparecem em função dos interesses a que se ligam: um pode tornar-se líder por seu desempenho no esporte; outro, por seu êxito nos estudos; um terceiro por sua rebeldia contra o professor e a escola, por sua simpatia, compleição física, facilidade em falar, extroversão, e assim por diante.

O grupo de sala de aula é, portanto, um grupo heterogêneo e dinâmico. As interações entre seus membros são constantes e variáveis, algumas mais manifestas e duradouras, como as que se dão entre o professor e a turma ou entre grupos de estudos; outras menos explícitas, como as relações de amizade, de simpatia ou antipatia etc., nem sempre manifestas.

Neste capítulo procuramos captar um pouco desse dinamismo que caracteriza as relações sociais na sala de aula: da análise da superação do isolamento passamos aos motivos que levam à interação em busca de cooperação.

SUPERANDO O ISOLAMENTO

A convivência social é condição indispensável à vida humana. Da mesma maneira, na sala de aula, verifica-se um processo social, pois a educação tem um caráter essencialmente social, pois é feita em grupo. O isolamento em relação ao grupo é prejudicial tanto para o indivíduo quanto para o grupo. Para o indivíduo porque ele não aprende a viver socialmente, a estabelecer um intercâmbio com o grupo – no qual ele pode dar a sua contribuição individual ao mesmo tempo que recebe a dos outros membros do grupo; esse intercâmbio é fundamental para a educação. Para o grupo, porque perde a contribuição de um dos seus membros, o que dificulta o alcance dos objetivos do grupo e acaba por prejudicar todos os seus membros.

São muitos os fatores que podem levar um aluno ao isolamento dentro da sala de aula. Para facilitar o entendimento, podemos separá-los em dois tipos: extraescolares e escolares.

Fatores extraescolares do isolamento

A origem do isolamento pode estar na família: a criança foi sempre muito reprimida, teve poucas oportunidades de se manifestar em casa, viu-se frequentemente relegada ao segundo plano, nunca foi considerada um membro efetivo do grupo familiar. Outras vezes, o aluno viveu ou vive só com a mãe, só com o pai ou com outro parente.

Além dos problemas familiares, as experiências do aluno em termos de relacionamento com outros da mesma idade podem ter sido poucas ou negativas, levando-o a ser introvertido, a fechar-se em si mesmo.

O aspecto social também é importante: o aluno pode fazer parte de um grupo minoritário e discriminado em sua comunidade. O seu isolamento na escola resulta, então, do isolamento de sua própria família e do seu grupo minoritário em relação à comunidade.

Existe ainda o fator econômico: o aluno pobre tende a isolar-se se frequentar uma sala de aula em que a maior parte dos colegas procede de famílias ricas; o mesmo pode acontecer com um aluno rico cujo grupo de sala de aula é composto, em sua grande maioria, por alunos pobres.

Fatores escolares do isolamento

Geralmente, a sala de aula reproduz as condições sociais mais amplas. Assim, se um aluno tende a isolar-se, seu isolamento tende a ser reforçado pela turma, tanto pelos colegas quanto pelo professor. Os colegas procuram, muitas vezes, relacionar-se com os alunos que são mais dados, mais extrovertidos. A regra geral é a de que as pessoas procuram relacionar-se com indivíduos que se parecem com elas. Dessa forma, os que tendem a interagir mais intensamente procuram, para suas relações, os colegas que apresentam a mesma tendência. O professor, em geral, tende a solicitar a participação daqueles alunos mais dados a manifestarem-se: quanto mais um aluno participa, mais lhe serão oferecidas oportunidades para que intensifique sua participação. Nos eventos culturais, artísticos, esportivos, comemorativos etc., de um modo geral são oferecidas oportunidades de participação àqueles que já vêm participando costumeiramente; são os que mais aparecem. Os que vivem isolados tendem a não aparecer, a não tomar a iniciativa e, como resultado, raramente são convidados a tomar parte em atividades coletivas, nas quais devam assumir um papel de destaque.

É comum, então, a atuação do professor na sala de aula ter a seguinte orientação, não necessariamente intencional e explícita: estimula a participação e a interação dos que costumeiramente manifestam tais comportamentos; reforça o isolamento dos que já vivem isolados.

Como superar o isolamento? Para tanto, exige-se um trabalho conjunto sala de aula-escola-família-comunidade. Limitando-nos à sala de aula e à escola, a superação do isolamento poderá ocorrer na medida em que professores e gestores tomarem atitudes diferentes das que foram assinaladas como reforçadoras do isolamento. Ao mesmo tempo que se procura refrear um pouco os que forem mais afoitos em participar, cuja afoiteza pode ser fator de inibição para os outros, é preciso criar um ambiente que estimule a participação dos que tendem a se isolar. É necessário estimulá-los a falar e a tomar parte ativa nas aulas, programar atividades conjuntas, criar um clima agradável e sem repressões à expressão individual desses alunos.

A BUSCA DA INTERAÇÃO

A primeira constatação a ser feita é que tanto o professor quanto os alunos estão numa determinada sala, fazendo parte desse grupo particular, em função de circunstâncias geralmente independentes de sua vontade. Ao professor pode ter sido atribuída aquela classe sem que tivesse oportunidade de escolha; os alunos são obrigados a estudar (pelos pais, pela lei, pela pressão social) e foram colocados naquela sala pela gestão da escola.

O primeiro fato, portanto, é que alunos e professor passaram a fazer parte desse grupo de sala de aula sem que tivessem optado por ele, o professor sem que tivesse escolhido os alunos e estes sem que tivessem escolhido o professor e os colegas. Por isso mesmo, no período inicial, os primeiros encontros constituem momentos de estudo recíproco, de conhecimento mútuo, de adaptação. À medida que passa o tempo e o grupo de alunos permanece com os mesmos membros, formam-se subgrupos mais estáveis, as relações vão ficando mais duradouras e a posição de cada um no grupo – que se estabelece aos poucos – tende a permanecer mais ou menos constante.

Entretanto, se fazer parte de um determinado grupo de sala de aula não depende da vontade explícita do professor e dos alunos, o modo como cada um vai relacionar-se com o grupo como um todo e com cada um dos seus membros resulta dos interesses, motivos e objetivos de cada indivíduo. Isto é, a partir do momento em que um aluno se encontra fazendo parte de um grupo de sala de aula, cabe-lhe estabelecer um determinado tipo de interação com esse grupo.

O modo de interação social já característico do indivíduo tende a repetir-se nas relações que ele vai estabelecer no novo grupo: alguém que é tímido tende a manter essa timidez na sala de aula; alguém dotado de muita iniciativa em casa tende a expressar esse mesmo comportamento na sala de aula; quem é extrovertido, que fala muito e é estimulado a falar em sua família, provavelmente se portará da mesma maneira entre seus colegas de turma. Entretanto, não quer dizer que isso seja automático: a participação num novo grupo pode acarretar mudanças no comportamento do indivíduo, embora sejam em geral pequenas. Dessa forma, o tímido pode ficar menos ou, até, mais tímido; o extrovertido pode ficar mais ou menos falador etc. Tais mudanças dependem, em grande parte, de como o novo grupo valoriza cada um desses comportamentos.

Entrando num novo grupo, o indivíduo passa a orientar seus comportamentos de acordo com as expectativas desse grupo: procura ser extrovertido se o grupo, incluindo o professor, espera que ele assim seja; tende a isolar-se se for rejeitado pelo grupo; busca tomar iniciativas se for estimulado para tal etc.

Os motivos sociais na sala de aula

Os mesmos motivos sociais que levam as pessoas a interagir com outras na vida social em geral também atuam na sala de aula. Esses motivos dependem das necessidades mais sentidas pelos indivíduos: um pode orientar sua interação pela necessidade de atuar, de produzir, de realizar algo no grupo; outro pode orientar-se mais pelo desejo de relacionamento humano, de estabelecer relações de amizade, de encontrar pessoas; um terceiro pode querer influenciar os demais, adquirir prestígio etc.

Essas três orientações estão presentes em todas as pessoas, embora com diferentes intensidades. Enquanto líder institucional e, na medida do possível, exercendo uma liderança pessoal, o professor pode identificar os motivos predominantes nos comportamentos sociais dos alunos na sala de aula. A partir dessa identificação, pode atuar em dois sentidos:

    a. Procurar atenuar os motivos exacerbados: a interação positiva do grupo e o crescimento de todos com vistas à conquista dos objetivos comuns podem ser prejudicados por um aluno que monopoliza todas as iniciativas, que quer tomar a frente em tudo, que inibe a participação dos outros; ou por outro cuja única preocupação são as relações humanas, o bate-papo, a conversa amigável sobre assuntos que nada tem a ver com a sala de aula; ou por um terceiro que tem sede de poder, sempre tenta impor-se aos demais, se julga o dono da verdade, quer decidir por todos etc. Entra aqui a função educativa do professor, agindo no sentido de que cada membro do grupo se torne sempre mais capaz de superar o próprio egocentrismo e de dispor-se ao convívio e ao trabalho coletivo da turma.

b. Tentar fortalecer os motivos fracos: também trazem prejuízos à interação positiva do grupo um aluno que nunca toma a iniciativa, nunca está disposto a colaborar nas atividades coletivas, só faz alguma coisa se muito pressionado pelo professor e pelos colegas; ou outro que vive retraído em seu canto, não conversa com ninguém, se limita a responder a perguntas, nunca inicia um bate-papo; ou um terceiro que aceita tudo o que os outros dizem, se submete com exagerada passividade às ordens que recebe, nunca contribui para uma tomada de decisão. Cabe ao professor e aos colegas estimular esses alunos a participarem mais ativamente nas atividades de sala de aula, a desenvolverem atitudes mais positivas em relação ao grupo, a animarem-se a dar sua contribuição para que o grupo alcance seus objetivos.

A CAMINHO DA COOPERAÇÃO

Todos os processos de interação social – competição, conflito, cooperação etc. – são frequentes na sala de aula, predominando ora um, ora outro, e perpassam as relações sociais de indivíduos e grupos.

Podemos reunir esses processos em duas categorias: por um lado, a competição e o conflito separam os indivíduos; por outro, a cooperação é um processo que une as pessoas nele envolvidas.

Entretanto, eles atuam de forma complementar: a partir da superação da competição e do conflito pode-se desenvolver a cooperação.

Trata-se de um movimento dialético: indivíduos e grupos que se opõem na competição e no conflito podem superar essa oposição e chegar a uma posição comum. Essa posição comum pode gerar novas divergências, competições e conflitos, que novamente serão superados. E assim sucessivamente.

Na sala de aula, as situações são bastante diversificadas. Temos, em primeiro lugar, o grupo como um todo, de que participam os alunos e o professor. Esse grupo obedece a certas normas de funcionamento a que se submetem tantos os alunos quanto o professor. Existem, por outro lado, pequenos grupos, reunidos por motivos diversos e com finalidades diferentes: esporte, estudo, bate-papo, atividades culturais, fofoca, trabalhos escolares etc. Estabelecem-se vários níveis de interação:

- entre cada membro do grupo de sala de aula e o grupo como um todo;
- entre os membros do grupo de sala de aula, individualmente;
- entre o professor e todo o grupo de alunos;
- entre o professor e cada um dos alunos;
- entre cada subgrupo e o grupo como um todo;
- entre os diversos subgrupos;
- entre cada aluno e seu subgrupo;
- entre cada aluno e os subgrupos de que não faz parte;
- entre o professor e os vários subgrupos.

Como se vê, as relações sociais na sala de aula são bastante diversificadas e complexas. A interação que se estabelece, em todos os níveis, pode caracterizar-se por um ou vários dos processos mencionados. Há escolas e professores que estimulam a competição, com a superação de uns pelos outros; é possível também que se crie um ambiente favorável ao conflito, em que o objetivo pode ser a humilhação, a anulação ou até mesmo a destruição dos rivais; mas também condições favoráveis à cooperação podem ser promovidas, em que todos procuram trabalhar juntos para alcançar objetivos comuns. A competição e o conflito exagerados levam muitas vezes à desintegração do grupo, à rivalidade, à hostilidade entre indivíduos e grupos, tendo como resultado a frustração dos objetivos comuns.

O MAIS IMPORTANTE PROCESSO EDUCATIVO

A cooperação, o trabalho conjunto para alcançar os objetivos do grupo, parece ser o processo educativo por excelência e, portanto, a ser estimulado na sala de aula. A cooperação não exclui os demais processos, pelo contrário, ela é a síntese que inclui e ultrapassa os demais processos de interação.

A cooperação abarca a competição e o conflito, já que indivíduos com características diferentes, trabalhando juntos, geralmente apresentam divergências, competem entre si e podem entrar em conflito. Entretanto, a partir do momento em que divergências, competições e conflitos são superados, o grupo avança em seu processo educativo, atinge um estágio superior. Embora necessários para o andamento do processo, a competição e o conflito não são suficientes, precisam ser completados pela cooperação. É ela que identifica o grupo de sala de aula como um grupo particular, com características próprias, que o distinguem dos demais.

Concluindo, podemos afirmar que, considerando-se o grupo de sala de aula enquanto tal, a cooperação é o processo de interação social que mais contribui para a educação. Por isso, é indispensável que a cooperação seja estimulada pelos educadores, não apenas pelas palavras, mas principalmente pela organização de atividades cooperativas.

TEXTO COMPLEMENTAR

Bullying não é brincadeira de criança

Bullying é um conjunto de práticas agressivas e perniciosas exercidas cotidianamente, com o fim de dominar, controlar e humilhar em razão de uma desigual relação de poder entre o *bully* (agressor) e a vítima. Essa atitude, além de resultar em assassinatos psíquicos (absenteísmo escolar, isolamento, depressão, queda no desempenho acadêmico, etc.), pode acarretar mortes físicas, com massacres e suicídios.

Dados revelam que aquilo que é definido como uma simples "zoação", "desentendimento de criança" ou "um normal e saudável conflito infantil" é apenas uma catastrófica ponta de um imenso *iceberg*. [...]

Em que pese a gravidade do assunto, no Brasil, nos Estados Unidos, na Europa e no mundo todo muitos ainda veem no *bullying* um tipo de conflito natural entre crianças (sobretudo meninos) e até um comportamento saudável, por contribuir para o amadurecimento de crianças e adolescentes, preparando-se para enfrentar o "mundo lá fora", definido como duro, difícil, competitivo, racional e objetivo.

Vale destacar que as brincadeiras ou o elemento lúdico dos jogos promovem o desenvolvimento humano e a vida em sociedade. [...]

No jogo existe um faz de conta que conta. Ao brincar, as crianças socializam-se e representam papéis de personagens bons e maus, aprendem a lidar com o medo, a ansiedade, a frustração e a raiva. Inventam estratégias e resolvem os problemas, criam suas próprias regras e praticam outras interações demandadas pela vida infantojuvenil e adulta.

O *bullying*, ao contrário, não promove nada disso. Diferentemente de um conflito natural e saudável, em que duas partes são responsáveis, tornando as crianças mais fortes para enfrentar a adversidades da vida, o *bullying* é violência unilateral de uma parte "forte" que maltrata a "fraca", enfraquecendo-a ainda mais.

Dessa forma, o *bullying* enfeia e estraga a vida e não prepara nossos filhos e alunos para o mundo adulto, nem os fortalece para enfrentá-lo. Ele abaixa a sua autoestima, deprime-os ou os torna agressivos, com fantasmas de ódio e vingança. Maltrata física, moral e psiquicamente suas vítimas, mutila seus egos de modo a fazer-lhes acreditar que não são dignos de atenção, do respeito e do amor de sua família, de seus amigos e dos demais.

Ao final, a vítima pode até mesmo crer que não merece existir e se maltrata e até se mutila, em razão da chamada vergonha tóxica, podendo suicidar-se; ou, ao invés, sente que o mundo, que seus habitantes são maus por natureza e, como tais, devem ser castigados ou banidos da face da terra, passando a maltratar os demais ou a matar.

Assim, a vítima pode transformar-se em um adulto deprimido ou revoltado, buscando subterfúgios, muitas vezes em drogas ilícitas e lícitas.

Quanto ao agressor (*bully*), quando não questionado, corrigido ou punido, provavelmente se transformará em um adulto que seguirá infringindo, de modo individual ou em gangues, a lei ou as regras sociais e éticas de convivência.

(ROSSATO, Geovanio; ROSSATO, Solange Marques. *Educando para a superação do bullying escolar*. São Paulo: Loyola, 2013, p. 21-3.)

QUESTÕES PROPOSTAS

1. A partir da própria experiência ao longo do ensino fundamental e médio, qual a sua situação em relação ao isolamento e à interação?

2. Qual o motivo social predominante no caso de você buscar uma interação mais efetiva com os colegas?

3. Caracterize o seu comportamento no que diz respeito à cooperação dentro e fora da escola.

4. Você vivenciou alguma situação de *bullying* durante seus anos escolares? Dê um ou vários exemplos.

O MUNDO VISTO PELOS ALUNOS

A preparação do aluno para o exercício consciente da cidadania é um dos objetivos da educação, segundo a Constituição de 1988. E mais eficiente ela será se for feita na prática, a partir da discussão e da participação na vida social e política do país.

Nenhuma escola se situa fora de uma comunidade, fora de um país. Estimular e promover a reflexão e a discussão sobre as condições dessa comunidade e desse país é uma das responsabilidades da gestão escolar e do professor. Só assim a escola estará preparando os alunos para conhecerem a realidade em que vivem e para participarem ativamente em sua transformação.

A CULTURA QUE CHEGA À SALA DE AULA

A escola, antes de mais nada, é a agência através da qual as gerações adultas introduzem as novas gerações no domínio do patrimônio cultural da humanidade. Mas a cultura da humanidade e a cultura de um país não se resumem às matérias escolares, nem ao conteúdo dos livros didáticos.

Tanto a cultura universal quanto a cultura de um país ou de uma comunidade manifestam-se mediante formas próprias de expressão. Quanto maior o contato do aluno com essas formas de expressão, mais ele aprenderá e vivenciará a cultura do seu povo. Na medida em que a escola oferece aos alunos oportunidades de contato com a cultura humana, do passado e do presente, ela cumpre seus objetivos educacionais. As ciências e as artes são manifestações importantes dessa cultura.

As ciências

O contato dos alunos com os avanços científicos e tecnológicos da humanidade não pode reduzir-se à sala de aula e aos livros didáticos. A participação em simpósios, congressos, seminários, exposições etc. é uma atividade altamente enriquecedora. A própria escola, dentro de suas possibilidades, pode promover palestras, debates e outras atividades com pessoas ligadas à pesquisa científica e com profissionais que se dedicam aos diversos campos da tecnologia (agrícola, industrial, informática etc.). Se houver indústrias na região, por exemplo, o conhecimento dos processos industriais através da visita às fábricas é uma das formas de contato com as conquistas humanas.

Exposições podem ser promovidas na própria escola, tanto com material produzido pelos próprios alunos quanto com material trazido de fora, fornecido por instituições especializadas. É interessante que os alunos entrem em contato com instituições científicas, como a Sociedade Brasileira para o Progresso da Ciência (SBPC), que realiza reuniões periódicas de âmbito nacional, com universidades e outras instituições de nível superior, quando existentes.

As artes

As possibilidades no campo artístico são numerosas. O contato dos alunos com pessoas que atuam nas diversas artes (literatura, teatro, cinema, música, pintura, escultura, arquitetura, grafite), bem como o exercício dos próprios alunos nesses campos constituem experiências de inestimável valor educativo, abrindo novas perspectivas profissionais aos alunos.

Na comunidade em que se localiza a escola, no município ou na região, não é raro encontrar pessoas que atuam em uma ou em várias das atividades artísticas cidadãs. A presença na escola de um escritor, de um poeta, de um autor ou ator de teatro ou de cinema, de um músico ou de um conjunto musical, de um pintor, de um escultor, de um arquiteto, enfim, de profissionais do campo artístico contribui para que os alunos tenham contato mais vivo com a arte. Muitas vezes há artistas de grande valor na comunidade, mas desconhecidos do público. A escola pode descobrir, promover e divulgar a obra desses artistas. Será uma contribuição ao conhecimento da comunidade e à educação dos alunos.

Além do contato com os artistas, da observação e do estudo de suas obras, os alunos também podem exercitar-se fazendo experiências artísticas. Claro que para isso a escola precisa de recursos, mais para algumas artes e menos para outras. Assim, por exemplo, não há necessidade de grandes estruturas para que o aluno escreva poesias, peças de teatro e outros textos literários, participe como ator, componha e execute obras musicais, pinte quadros ou faça esculturas.

Além das atividades promovidas dentro da escola, os alunos podem sair para tomar parte de eventos artísticos: assistir a um filme, ver uma peça de teatro, visitar uma exposição artística, participar em festivais de música e em sessões de autógrafos são apenas alguns exemplos de iniciativas que a escola pode promover. A maior ou menor participação dos alunos em atividades artísticas depende em grande parte da iniciativa dos educadores, tanto gestores quanto professores. A iniciativa dos alunos em promover atividades e exigir a participação em eventos que ocorrem fora da escola constitui outro fator importante, principalmente no caso de ser necessário vencer o comodismo rotineiro a que muitos educadores podem submeter-se.

A SALA DE AULA E O MUNDO DO TRABALHO

A qualificação para o trabalho constitui também um dos objetivos da educação, de acordo com a Constituição de 1988. Entretanto, a observação do que ocorre em grande parte de nossas escolas leva-nos à conclusão de que estamos longe de alcançar esse objetivo. Isso tanto em termos mais gerais, no sentido do próprio trabalho como método educativo, quanto em termos mais específicos, da preparação para o exercício profissional.

O TRABALHO COMO MÉTODO EDUCATIVO

As atividades de transformação do mundo que rodeia a criança são naturais para ela. Basta observar os próprios brinquedos para chegar a essa conclusão: jogos de encaixe, blocos de construção, areia, água são elementos que exercem fascínio sobre as crianças. Quando existe essa possibilidade, outra coisa de que toda a criança gosta é o manuseio de ferramentas de trabalho, como se nota pelo prazer que ela sente quando consegue serrar um pedaço de madeira, pregar um prego, fazer um carrinho, um estilingue, uma lança, uma pipa etc.

Em termos teóricos, estuda-se em Psicologia que o período correspondente aos anos no ensino fundamental I constituem o estágio de desenvolvimento que Piaget chama de "operações concretas". É a fase em que o indivíduo ainda não tem condições de aprender conceitos abstratos, mas consegue aprender fazendo coisas, manipulando objetos, agindo concretamente.

Portanto, da mesma forma que a observação dos interesses da criança, as pesquisas científicas também nos levam a concluir que a atividades prática, o trabalho, é uma característica da criança e um fator para o seu desenvolvimento. O trabalho na escola constitui, então, não só um fator de preparação para a atividade profissional, mas também um meio que pode servir à aprendizagem das matérias escolares. Ciências, Matemática, História, Geografia, Português, Artes etc. podem ser objeto de aprendizagem prática, concreta: uma horta, uma pequena oficina (marcenaria, gráfica etc.), trabalhos de consertos, de pintura, de limpeza da escola e outros podem constituir importantes meios de aprendizagem escolar e de educação para a vida social.

Preparação para o exercício profissional

As estatísticas escolares mostram que parte significativa dos jovens nem chegam a iniciar o ensino médio e, dos que o iniciam, muitos desistem antes do fim. O que quer dizer que muitos brasileiros, mesmo passando pela escola, precisam abandoná-la, geralmente para trabalhar, e isso sem nenhuma qualificação para o exercício profissional.

O ensino fundamental e o médio não fornecem nenhuma formação profissional, o que faz muita falta para os alunos que precisam trabalhar e saem da escola sem preparação para tanto. Há quem defenda que é no emprego que o indivíduo aprende a profissão. Entretanto, algumas técnicas básicas seriam de grande utilidade se aprendidas na escola:

digitação, corte e costura, arte culinária, puericultura, técnicas agrícolas, técnicas de venda e outras noções práticas são de utilidade geral. Por que a escola não poderia ensiná-las aos alunos?

Entretanto, tão ou mais importante que as próprias técnicas é a consciência profissional e do valor do trabalho, e cabe à escola contribuir para o seu desenvolvimento entre os alunos. O trabalho é condição de existência do ser humano, sem o qual a maioria esmagadora não consegue sobreviver. Mas o trabalho, em vez de um meio de escravização, precisa ser sempre um fator de realização e de libertação do ser humano: é através do trabalho que é possível transformar o mundo e construir uma sociedade mais justa.

DESIGUALDADES SOCIAIS: COMO ENFRENTÁ-LAS?

A sociedade não constitui um todo homogêneo, é formada por grupos com interesses muitas vezes antagônicos. E a escola, de um modo geral, reproduz essa divisão social. Uma acusação que não raras vezes se faz é de que a escola, em vez de contribuir para a superação das desigualdades sociais, ajuda a reforçá-las. Sobre isso, observamos na atividade escolar dois aspectos importantes:

- são os mais ricos que conseguem vencer todas as barreiras da escolaridade, concluir os diversos graus de ensino e ocupar as posições de destaque na vida social;
- há escolas bem aparelhadas que servem a uma minoria de privilegiados e escolas precariamente aparelhadas que são frequentadas pela grande maioria das crianças e dos jovens.

Diante dessa situação, a escola tem duas tarefas a cumprir: não camuflar as desigualdades e contribuir para a sua redução.

As desigualdades sociais no Brasil são extremamente acentuadas, deixando a grande maioria dos brasileiros na pobreza ou na miséria. Essas desigualdades, como vimos, refletem-se na escola. Portanto, ao invés de escondê-las, fazer de conta que não existem, cabe à escola estimular os alunos a tomar consciência delas e verificar que são, em grande parte, responsáveis pelo "fracasso escolar" de um número significativo deles.

Duas contribuições básicas podem ser dadas pela escola no sentido de reduzir as desigualdades sociais:

- oferecer condições adequadas – em temos de recursos materiais e humanos – para que o maior número possível dos alunos consiga superar as barreiras escolares e concluir todos os graus de ensino;
- preparar os alunos para a participação crítica na transformação social, como cidadãos conscientes. Na medida em que estiverem conscientes da realidade da sua comunidade e do país, e dispostos a participar criticamente, certamente haverão de contribuir para a construção de um país em que os brasileiros possam sempre mais viver com dignidade, satisfazendo suas necessidades materiais e espirituais.

PARTICIPAÇÃO POLÍTICA: O CAMINHO DA MUDANÇA

Como poderá a escola cumprir o preceito constitucional de preparar os alunos para o exercício consciente da cidadania, se impedir sua participação política? A participação política não se faz apenas pelo voto, mas principalmente fiscalizando e exigindo do governo que aplique os recursos públicos em atividades e obras que sejam de interesse de toda a população. Em vez de construir uma grande obra que beneficie apenas alguns, é mais necessário atender aos aspectos mais importantes da vida de todo o povo. Dessa forma, é prioritário o atendimento à alimentação, à habitação, à saúde, à educação, ao saneamento básico etc.

É fundamental que a política, como interesse e participação consciente na vida da comunidade e do país, esteja presente em todas as atividades de sala de aula. Cada cidadão é também responsável pelos destinos do país e o governo cumprirá suas obrigações quanto mais conscientes os cidadãos estiverem de suas responsabilidades.

A responsabilidade social em relação aos problemas públicos não surge repentinamente no dia em que o indivíduo faz 16 anos e pode tirar seu título de eleitor. A sala de aula, com suas atividades voltadas constantemente para a vida social dos brasileiros, constitui um fator fundamental para que o aluno se eduque para a responsabilidade frente aos problemas da comunidade e do país.

O que fazer

É comum professores negarem-se a discutir problemas políticos do país sob o pretexto de que tais problemas não fazem parte da sua matéria ou não são assuntos de aula. Entretanto, é bom não esquecer que um dos objetivos da escola, segundo a Constituição, é formar cidadãos conscientes. E uma das condições para que esse objetivo seja alcançado é que a sala de aula não ignore o país em que vivemos.

Concretamente, na sala de aula, podem desenvolver-se várias iniciativas que contribuem para a formação do cidadão consciente e participativo:

- A participação dos alunos nas atividades de planejamento, execução e avaliação das matérias escolares. É participando que se aprende a participar. Assim, o estímulo à participação dos alunos em todas as atividades escolares é de fundamental importância para a sua atuação política.
- Os alunos devem poder se organizar, na sala de aula e na escola, escolher representantes para discutir seus problemas junto aos gestores, promover atividades culturais e artísticas para integrar a escola na comunidade etc.
- Estimular os alunos a manifestar livremente suas opiniões. A livre manifestação de opiniões leva os alunos a valorizarem e defenderem a liberdade de expressão, uma das condições essenciáis para o exercício da cidadania.
- Favorecer o contato com políticos profissionais, gestores públicos (prefeito, vereadores, deputados etc.), o que facilita a compreensão das suas atividades e o confronto das promessas de campanha com as realizações concretas.
- Estabelecer contato com associações populares que se dedicam à defesa dos interesses do povo. Sindicatos, sociedades de moradores e amigos de bairros, comunidades religiosas beneficentes, cooperativas etc. podem trazer para dentro da sala de aula elementos valiosos para a educação e a vida social.

A aprendizagem das matérias escolares será tanto mais eficiente e eficaz quanto mais estiver voltada para a vida social, quanto mais essas matérias forem veículos de conhecimento da realidade concreta e, ao mesmo tempo, instrumentos úteis na preparação do aluno para atuar na transformação dessa mesma realidade. Não basta que o indivíduo sofra a ação da sociedade; mais do que isso, é preciso que ele atue de forma a influir nos destinos dessa sociedade, que interferem intensamente em sua vida individual e social.

TEXTO COMPLEMENTAR

Veja em 7 pontos como será a vida na Terra nos próximos 30 anos

Um esboço de um relatório histórico do Painel Intergovernamental sobre as Mudanças Climáticas (IPCC) – órgão consultivo da Organização das Nações Unidas (ONU) sobre o clima – aponta que as mudanças climáticas fruto das ações humanas deve afetar fundamentalmente a vida na Terra já nos próximos 30 anos, mesmo se as emissões de gases estufa forem contidas.
[...]

1 – Colapso dos ecossistemas

- Com emissões altas, a seca e os incêndios florestais podem transformar metade da Floresta Amazônica em savana, produzindo mais aquecimento. [...]
- Uma combinação de temperaturas mais elevadas, aridez e secas significa que as temporadas de incêndios florestais em todo o planeta serão mais longas, e as áreas com potencial de queima dobrarão de tamanho: na tundra ártica e na floresta boreal, a área queimada aumentou em nove vezes em toda a Sibéria entre 1996 e 2015.
- Muitos ecossistemas terrestres, de água doce, oceânicos ou costeiros estão atualmente "perto ou além" dos limites de sua capacidade de adaptação às mudanças climáticas. [...]

2 – Extinção de espécies

- As taxas de extinção estão se acelerando drasticamente e são estimadas em cerca de mil vezes mais do que antes do impacto das atividades humanas na Terra no século passado.
- Até 54% das espécies terrestres e marinhas estarão ameaçadas de extinção neste século [...].

3 – Aquecimento e aumento do nível dos oceanos

- Um aumento de 1,5 grau na temperatura do planeta resultaria em um aumento de 100 a 200% na população afetada por enchentes em Brasil, Colômbia e Argentina, 300% no Equador e Uruguai e 400% no Peru.
- No futuro mais imediato, algumas regiões – leste do Brasil, sudeste da Ásia, o Mediterrâneo, centro da China – e as zonas costeiras de quase todo o mundo serão atingidas por três, quatro ou mais calamidades de uma vez: seca, ondas de calor, ciclones, incêndios florestais, inundações. [...]

4 – Seca

- Interrupções no ciclo da água causarão o declínio de cultivos básicos dependentes da chuva na África Subsaariana. Até 40% das regiões produtoras de arroz na Índia podem se tornar menos adequadas ao cultivo do grão. [...]
- Até 75% do suprimento de água subterrânea – a principal fonte de água potável para 2,5 bilhões de pessoas – também podem ser afetados até o meio do século. [...]

5 – Fome

- Até 80 milhões a mais de pessoas correrão o risco de passar fome até 2050. [...]
- A frequência de perdas repentinas na produção de alimentos já vem aumentando de forma constante nos últimos 50 anos. [...]

6 – Doenças
- Enquanto as temperaturas em elevação aumentam os habitats dos mosquitos, estima-se que até 2050 metade da população mundial esteja exposta a doenças provocadas por vetores, como dengue, febre amarela e zika. [...]
- As mudanças climáticas aumentarão o peso de doenças não transmissíveis: as doenças associadas à má qualidade do ar e à exposição ao ozônio, por exemplo, "aumentarão substancialmente". [...]

7 – Calor extremo
- Um adicional de 1,7 bilhão de pessoas serão expostas a um calor severo e 420 milhões serão submetidas a ondas de calor extremas a cada cinco anos se as temperaturas aumentarem de 1,5 para 2 graus de aquecimento. [...]
- Até 2080, de 390 a 490 milhões de moradores na África Subsaariana, e de 940 milhões a 1,1 bilhão no sul e sudeste da Ásia poderão enfrentar mais de 30 dias de calor extremo a cada ano. [...]

(Disponível em: <https://g1.globo.com/natureza/aquecimento-global/noticia/2021/06/23/mudancas-climaticas-entenda-em-7-temas-os-principais-impactos-pelos-proximos-30-anos-de-acordo-com-especialistas-da-onu.ghtml>. Acesso em: 07 ago. 2021)

QUESTÕES PROPOSTAS

1. Como você avalia os conteúdos das matérias escolares que você estudou? Foram adequados? Por quê?
2. Caracterize as atividades escolares em relação à preparação para o trabalho e à formação profissional.
3. Havia desigualdades sociais na escola em que você estudou? Como você acha que se pode superá-las? A participação política é importante? Por quê?
4. Como você vê o mundo em que vive?

ALUNOS E PROFESSORES EM BUSCA DE REALIZAÇÃO

Alunos e professores assumem, na sala de aula, posições distintas, de cuja interação podem resultar a aprendizagem e a educação. Não são posições estáticas, mas dinâmicas, pois o aluno também ensina e o professor também aprende. O diálogo é a característica essencial da educação que pretende formar para a liberdade e o exercício consciente da cidadania.

ALUNOS: O COMUM E O DIFERENTE

Observemos atentamente uma turma de sala de aula. O que vemos? Em primeiro lugar, um ambiente "artificial", diferente do ambiente "natural" existente fora da escola, e organizado segundo critérios que estudamos no primeiro capítulo: espacial, temporal, intelectual e social. Em segundo lugar, vemos um grupo de alunos que apresentam, ao mesmo tempo, características comuns e diferenciadas.

Características comuns

O fato de pertencer a uma geração a caminho da independência, o desejo de aprender e as expectativas em relação à contribuição da escola são algumas das características comuns a todos os alunos.

A caminho da independência. Se considerarmos de modo especial a educação básica, vemos que a quase totalidade dos alunos está em fase de crescimento, dependentes das gerações adultas. Mesmo que parte dos alunos trabalhe e receba o seu próprio salário, isso não é suficiente para torná-los independentes: na maior parte dos casos vivem com a família e dependem dela, senão em sua sobrevivência material, ao menos quanto à organização da própria vida. Além do mais, muitos dos alunos que trabalham contribuem com o seu salário para o sustento da casa.

Em termos culturais, os alunos estão num período em que sofrem influência marcante dos adultos, que, principalmente através da escola, procuram levar as novas gerações a assimilar os padrões culturais considerados adequados para a vida social. Deve-se observar, contudo, que, de modo especial a partir da adolescência, os jovens passam a sofrer influência crescente de grupos de colegas da mesma idade e de amigos, que fortalecem seu desejo de independência e com valores muitas vezes diferentes dos que são transmitidos pelos adultos.

Desejo de aprender. Até mesmo uma escola inadequada e que não estimule de forma satisfatória o desejo de aprender e a curiosidade, vemos que essas características são comuns a todos os alunos. Mesmo aqueles cujo desempenho escolar é considerado fraco ou que "fracassam", se permanecem na escola apesar de tudo é porque querem aprender e esperam conseguir fazê-lo. Cumpre à escola organizar suas atividades de forma a atender ao impulso de todos os alunos, que é o de aprender sempre mais. Para tanto, a instituição precisa adequar-se à realidade dos alunos e utilizar os melhores recursos.

Expectativas em relação à escola. Em geral, todos os alunos esperam que a escola contribua para que eles e suas famílias possam melhorar de vida. Os próprios pais alimentam essa expectativa, que transferem aos filhos: esperam que os filhos, tendo oportunidade de estudar, possam ter uma vida melhor que a deles. Na medida em que essa expectativa se vê frustrada precocemente pelo "fracasso escolar", verificam-se altas taxas de exclusão escolar no Brasil.

Características diferenciadas

Inúmeras características diferenciam cada aluno de uma mesma turma, tornando-o único. Dentre elas, podemos citar a própria constituição física (altura, peso); a aparência (cor da pele, dos cabelos, dos olhos; traços fisionômicos etc.); nível intelectual (medido através das notas escolares, que colocam uns acima e outros abaixo da média); a sociabilidade (uns são mais comunicativos, mais dados, outros mais retraídos e tímidos); o temperamento (alguns podem ser explosivos, irritam-se facilmente, enquanto outros mais sossegados, tranquilos; alguns mais ativos, outros mais acomodados); os antecedentes familiares (tipos diversos de famílias, grandes ou pequenas, com pais e mães ou só mães, ou sem pai nem mãe, autoritárias ou liberais etc.); as condições socioeconômicas (pobres, ricos, classe média etc.).

A eficiência e a eficácia da escola não dependem apenas da atenção que dá às características comuns, mas de modo especial da forma como considera as características diferenciadas. Assim, na medida em que o professor leva em consideração as características de cada aluno, este terá melhores chances de aprender e educar-se.

QUEM É O PROFESSOR?

Da mesma forma que os alunos, os professores também apresentam características comuns e características diferenciadas.

Características comuns

Fazer parte de uma geração que chegou à maturidade, a realização através do ensino e a função de mediador entre as gerações parecem constituir características importantes da condição de professor.

Geração madura. A expectativa geral é que o professor faça parte de uma geração que já conquistou a maturidade, que está adequadamente integrada à vida social. Como tal, o professor coloca-se diante do aluno como um adulto frente a um ser em formação, o ser independente em face do ser dependente, como o exemplo a ser seguido, para que o aluno possa por sua vez tornar-se adulto, independente.

Realização através do ensino. Ensinar é a profissão por excelência do professor. Entretanto, o ensino tem na aprendizagem sua contrapartida. E a realização profissional do professor depende da ocorrência da aprendizagem por parte dos alunos. Na medida em que grande parte dos seus alunos tiver um desempenho considerado baixo, insuficiente, o professor pode sentir-se frustrado, ele mesmo um fracassado. É preciso, porém, compreender bem as razões do "fracasso escolar", que muitas vezes não estão nem no professor, nem no aluno, mas no sistema escolar, geralmente condicionado pelo sistema socioeconômico dominante. Compreendendo tais razões, tanto o professor quanto os alunos poderão de forma mais eficaz contribuir para sua superação e, consequentemente, para o fim do "fracasso escolar".

A função de mediador. Embora pertencendo à geração adulta, o professor torna-se mediador entre esta e a geração mais jovem, da qual fazem parte os alunos. Essa função genérica de mediador pode responder a expectativas diferenciadas, segundo o grupo de indivíduos de que procedem:

- para a gestão escolar, o professor pode ser alguém ansioso para dar-se bem em sua profissão ou alguém mais experimentado, nem sempre submisso às diretrizes administrativas;
- em relação aos alunos, pode ser visto como alguém independente e autônomo, que domina a matéria e exerce a autoridade mais impositiva ou mais democrática;
- os pais em geral podem esperar que o professor seja alguém eficiente em sua função de ensinar e podem frustrar-se na medida em que os filhos não têm um desempenho que julgam satisfatório;
- dependendo da comunidade, o professor pode ser encarado como qualquer outro profissional ou desfrutar de uma condição especial, de quem se espera que, além de sucesso na escola, também tenha uma atuação comunitária de destaque.

A consciência relativa às várias expectativas e avaliações, que a sua condição desperta em meio aos vários grupos sociais, é muito importante para que o professor possa desempenhar eficazmente a sua função educativa.

Características diferenciadas

Além das que mencionamos em relação aos alunos (constituição física, aparência, nível intelectual, sociabilidade, temperamento, antecedentes familiares e condições socioeconômicas), algumas características referem-se mais especificamente à condição de professor:

- Sua concepção sobre o próprio trabalho: de que forma compreende sua atividade? Como uma profissão qualquer, similar às outras, ou como um trabalho diferenciado, pelo fato de dedicar-se à formação das novas gerações? Como uma atividade eminentemente especializada, limitada ao ensino da sua matéria, ou de forma mais abrangente, com responsabilidade na educação integral dos estudantes?
- Sua concepção de ser humano adulto: dependendo de como compreende o ser plenamente formado, educado, imprimirá determinada orientação ao seu trabalho educativo.
- Sua concepção de autoridade: como resultante de sua condição de professor, que não pode sofrer contestação, ou como uma liderança que, embora atribuída pelo sistema escolar, pode ser exercida democraticamente e constantemente legitimada pela aceitação crítica dos alunos?
- Sua concepção a respeito da condição de aluno: como um ser que deve permanecer passivo, objeto do processo escolar, ou como um ser ativo, sujeito da própria educação?

Não é necessário dizer que de cada uma das concepções mencionadas resulta um professor diferente, que exerce de uma forma particular a sua atividade educativa.

"MESTRE É QUEM DE REPENTE APRENDE"

A aprendizagem pode resultar da atividade individual, da própria experiência no mundo. A educação, entretanto, ultrapassa a simples aprendizagem, requer a vida social, o trabalho coletivo. Na sala de aula, resulta da convivência social, dos alunos ente si e destes com o professor. Para que haja educação, portanto, é necessário que o professor trabalhe em conjunto com os alunos, com vistas a uma educação para a realização pessoal e social.

O educador Paulo Freire distingue duas concepções básicas de educação: a "bancária" e a libertadora.

A primeira consiste no "ato de depositar, de transferir, de transmitir conhecimentos": o educador é o que educa, sabe, pensa, fala, disciplina, prescreve, atua, escolhe o conteúdo, é a autoridade, o sujeito do processo; o educando é o que é educado, o que não sabe, o pensado, o que escuta, o disciplinado, o que segue a prescrição, o que pensa que atua, o acomodado, o obediente, o objeto do processo educativo.

Já a concepção libertadora implica a superação da contradição educador-educandos:

> o educador já não é o que apenas educa, mas o que, enquanto educa, é educado, em diálogo como o educando que ao ser educado, também educa. Ambos, assim, se tornam sujeitos do processo em que crescem juntos e em que os "argumentos de autoridade" já não valem. Em que, para ser-se, funcionalmente, se necessita de *estar sendo com* as liberdades e não *contra* elas. (Freire, 1975: 67-8 e 78-9)

A educação "bancária" é transferência de mão única, unilateral, do educador para o educando. A libertadora, pelo contrário, resulta do diálogo que supera a contradição educador-educando.

Somente por meio da educação libertadora professor e alunos podem tornar-se sujeitos da própria educação. Somente o diálogo possibilita a educação para a liberdade, a formação de cidadãos capazes de participar criticamente na construção de um mundo mais justo, como sujeitos da História.

Nada melhor do que concluir com Guimarães Rosa, em seu fenomenal *Grande sertão: veredas*: "Mestre não é quem sempre ensina, mas quem de repente aprende".

TEXTO COMPLEMENTAR

O mestre e o discípulo

Cada aluno é um aluno entre todos os alunos na classe reunida; e o professor, quando dá aula, fala a todos a mesma língua. Mas esta pedagogia em série que põe frente a frente o professor e a classe acompanha-se, ou pode acompanhar-se de uma relação de pessoa para pessoa; o professor pode ser também um mestre, e cada aluno um discípulo, em situação de diálogo e sob a invocação de uma vontade de verdade que funda entre eles uma invisível comunidade. [...]

O professor "dá aula" aos seus trinta alunos. Mas sob o anonimato desta realidade objetiva, há talvez um professor que deseja ser compreendido; e talvez haja trinta discípulos possíveis, trinta, ou vinte, ou dez existências à espreita de uma palavra de vida que cada um espera seja dita para si só. É claro que acontece, e amiúde, que o professor nada tenha a dizer; e também acontece que a massa de alunos nada tenha a ouvir. Mas o sentido profundo, a justificação essencial da atividade pedagógica é o encontro furtivo, a secreta cumplicidade que se estabelece ao sabor de uma frase, quando o discípulo conhece e reconhece nesse homem que fala no vazio o regulador do sentido da vida. Pode muito bem ser que nunca essa relação se tenha confessado explicitamente; pode bem ser que o mestre nunca tenha dado pelo discípulo em tal ou tal aluno submerso na massa. Mesmo irrealizado, o encontro teve a sua importância. Cada homem guarda decerto na memória algumas frases, algumas expressões que lhe vêm dos seus tempos de estudante: "Como dizia o velho Fulano..." – E a locução favorita de um velho mestre-escola, de um professor há muito desaparecido, permanece mensageira de uma lição de verdade, uma vez ouvida e jamais esquecida.

O diálogo do mestre com o discípulo pode assim reduzir-se a alguns contatos fugidios; mas pode também estabelecer uma amizade vigilante. Como quer que seja, ele constitui a própria essência da vida docente: o contato global do mestre com a classe alimenta-se desse conjunto de contatos individuais, e as intermitências da pedagogia, os altos e baixos de toda a vida escolar, analisam-se no fim das contas em relações elementares, em que cada uma das partes em presença, procurando o contato da outra, procura a sua própria identidade e a justificação da sua existência. A relação pedagógica surge assim como uma relação de dupla dependência: cada um depende do seu interlocutor e deve-lhe as suas melhores garantias. É o discípulo que faz o mestre e o mestre que faz o discípulo. Daí a extrema importância, para um e outro, deste colóquio singular em quem eles se defrontam.

O discípulo tem necessidade do mestre, é evidente. Não pode haver discípulo sem mestre; é só depois do encontro com o mestre que o discípulo descobre em conjunto a realidade da sua busca e o sentido da sua busca. [...]

Mas o mestre, se lhe cabe despertar o discípulo, não poderia criá-lo a partir do nada. Ele faz passar ao ato, à consciência, possibilidades adormecidas. O choque do encontro, sob a forma de um apelo ouvido a outrem, é uma chamada a si.

(GUSDORF, Georges. *Professores para quê?* 2. ed. Lisboa: Moraes Editores, 1970, p. 237-40.)

QUESTÕES PROPOSTAS

1. Descreva as principais características que aproximavam você dos colegas e aquelas que separavam.

2. Avalie seus professores ao longo do ensino fundamental e médio. Quais as características dos melhores? E dos piores? Algum ou alguns se destacaram? Por quê?

3. Como deve ser o bom professor?

4. Ao longo da vida escolar, você teve mestres ou apenas professores? Pode citar alguma mensagem, algum fato ou exemplo que ainda mantém na memória?

Da sala de aula à escola

Assim como a sala de aula, a escola também apresenta uma organização social. Isto é, em seu interior existem grupos sociais os mais diversos. Quais são esses grupos? Como estão organizados? De que modo são mantidos? É a essas questões que procuramos responder neste capítulo.

Para tanto, servimo-nos especialmente do trabalho de Antonio Candido de Mello e Souza (1964: 107-128). Segundo Antonio Candido, dois elementos principais contribuem para a organização da estrutura interna da escola: as formas de agrupamento e os seus mecanismos de sustentação.

GRUPOS QUE FORMAM A ESCOLA

Entre as principais formas de agrupamento existentes na escola, destacam-se os grupos de idade, os grupos de sexo, os grupos associativos, os grupos de *status* e os grupos de ensino.

GRUPOS DE IDADE

A primeira divisão em relação à idade é a que coloca de um lado o grupo adulto (professores, gestores, auxiliares administrativos etc.) e do outro lado o grupo dos alunos. Ao funcionar como critério de organização dos grupos, a idade deixa de ser apenas um fator biológico para adquirir significado social.

Os educadores, independentemente de sua idade biológica, representam o grupo já integrado nos valores sociais, aos quais procuram integrar o grupo dos alunos. Estes se contrapõem ao grupo dos adultos, tanto pelas suas diferentes formas de sociabilidade quanto pelo fato de constituírem gerações que ainda estão absorvendo os valores sociais, que lhes permitirão passar a fazer parte da sociedade dos adultos.

Convém salientar que o grupo dos alunos não é homogêneo. Em estabelecimentos em que só funciona o ensino fundamental, há pelo menos dois grupos bem distintos, cada um com características diferenciadas: o do fundamental I e o do fundamental II; o mesmo acontece nas escolas em que coexistem o ensino fundamental e o médio, só que neste caso, os alunos do fundamental II estão mais próximos dos do ensino médio, com eles formando um grupo, distinguindo-se, dessa forma, dos do fundamental I, o grupo adolescente.

Os grupos infantis, do fundamental I, são bastante diferentes dos adolescentes e juvenis, do fundamental II e do ensino médio. Os primeiros parecem ser menos duradouros, orientados de acordo com o sexo e mais orientados para o brinquedo e os jogos. Já os grupos adolescentes e juvenis parecem mais duradouros, têm uma organização mais fechada e, estendendo-se à maior parte das atividades, não se restringem apenas aos brinquedos e à escola.

Grupos de sexo

O primeiro fato a registrar em relação ao sexo é que foi superada a fase de educação diferenciada para uma vida própria de cada sexo. A coeducação é hoje uma realidade em praticamente todas as escolas. Crianças e jovens de sexos diferentes recebem, geralmente, a mesma educação.

O período de escola coincide com as mudanças biológicas da puberdade, que atingem não apenas o corpo, mas também o espírito, com repercussões nos vários aspectos do desenvolvimento humano.

Nas diversas idades, o sexo é encarado de maneira diferente. Assim, da quase indiferenciação própria da pré-escola, geralmente passa-se a um estado de plena identidade sexual na adolescência. Dessa identidade depende a integração do indivíduo na vida adulta, sendo pressionado a enquadrar-se nos padrões de comportamento que uma dada cultura atribui a cada sexo.

No início da adolescência surge uma relação ambígua entre os sexos. O púbere, à medida que cresce a identificação com o próprio sexo, muitas vezes tende a desvalorizar o outro, e podem tornar-se comuns as conversas sobre aspectos vistos como negativos nos outros. Tal realidade precisa ser compreendida pela escola, que deve contribuir para a superação da ambiguidade, de forma que os grupos de diferentes sexos alcancem adaptação mútua.

Grupos associativos

Enquanto os grupos de idade e de sexo são determinados por fatores biológicos, os associativos resultam da própria atividade dos alunos e, geralmente, constituem-se a partir da sua adesão consciente. Os grupos associativos são uma consequência direta da vida escolar, já que o grupo de todos os alunos tende a subdividir-se em função de diferentes interesses.

É no grupo que o aluno vai encontrar um ponto de referência para suas atividades. Estas tendem a adaptar-se às exigências do grupo. Com a entrada na escola e a consequente participação em grupos da mesma idade, o indivíduo, aos poucos, vai substituindo a família pelos grupos como pontos de referência para seus comportamentos. É adequado o comportamento que corresponde às exigências dos grupos associativos.

De acordo com a finalidade a que se destinam, podemos classificar os grupos associativos em três tipos: de brinquedo, intelectuais e cooperativos.

Grupos de brinquedo. É difícil o aluno que não tenha seu grupo de brinquedo, que não reúna colegas com os quais organiza as brincadeiras na hora do recreio, na saída da escola, nos eventos esportivos. Esses grupos têm uma importância fundamental, já que a partir deles a atividade escolar pode tornar-se mais espontânea e produtiva. A escola não pode deixar de considerar esses grupos ao organizar suas atividades.

Grupos intelectuais. Podem ser difusos, como os grupos de colegas que se reúnem para fazer um trabalho escolar ou para estudar e preparar-se para uma prova, ou organizados, como a entidade representativa dos estudantes, os grêmios literários, os grupos teatrais, musicais e outros.

Grupos cooperativos. Seus membros se associam voluntariamente para uma finalidade comum que seja do interesse do grupo e que não se enquadre nas duas finalidades anteriores. Temos, assim, de acordo com a idade, grupos que podem se reunir para fumar, para fazer bagunça, para planejar cola durante as provas, para contar piadas, para conversar sobre sexo etc.

Muitas vezes esses grupos são secretos e fechados, dificultando o ingresso de novos membros e atribuindo um certo ar de mistério a suas atividades. Mas há também grupos mais abertos, especialmente quando se organizam para campanhas de interesse geral, por exemplo, contra o *bullying,* contra a violência, contra as queimadas na Amazônia, em defesa do meio ambiente, campanha do agasalho, por mais verbas para a educação etc.

Grupos de *status*

O *status* corresponde à posição que uma pessoa ocupa em relação às outras de determinado grupo. Na escola, como na sociedade em geral existe uma estratificação hierárquica que coloca em níveis diferentes os indivíduos que compõem a população escolar.

A primeira diferenciação conferida pelo *status* é a que distingue a população escolar em duas grandes categorias: a dos educadores e a dos educandos. Essa divisão constitui o próprio fundamento da hierarquia escolar e é dela que decorre a disciplina que, geralmente, os educadores impõem aos educandos.

Entretanto, várias outras divisões hierárquicas ocorrem entre os próprios alunos. Os fatores dessas divisões são vários: idade (alunos mais velhos não raro impõem-se aos mais novos); sexo (muitas vezes os do sexo masculino consideram-se dominantes em relação aos outros); rendimento intelectual (os que tiram notas mais altas podem formar grupos exclusivos, tentando, por exemplo, isolar os outros); desempenho esportivo (os melhores em cada modalidade tendem a segregar-se dos demais); classe socioeconômica (os mais ricos podem formar grupos separados, dificultando ou impedindo a convivência com os demais) etc.

A marginalização de uns e de outros depende da configuração do grupo mais amplo: numa classe constituída majoritariamente por alunos "bem comportados", os bagunceiros podem ser marginalizados; já numa turma de maioria rebelde, os submissos é que passam a ser os marginalizados etc.

Grupos de ensino

Os grupos de ensino constituem os grupos de sala de aula, as classes, que são a característica mais importante da organização da escola. É na sala de aula, em especial, que se dá o encontro entre o representante da ordem social (o professor) e o ser "imaturo", que aí está para ser "educado". É na relação professor-aluno que se concretiza a atividade pedagógica e que adquire sentido a educação escolar.

O grupo de ensino é, portanto, o agrupamento por excelência da vida escolar, a organização básica da escola. Em geral, todas as escolas obedecem a uma organização por sala de aula, em que os alunos são reunidos de acordo com o seu nível de aprendizagem. É no grupo de ensino que todos os demais agrupamentos encontram seu ponto de confluência, a sua razão de ser. Não havendo os grupos de sala de aula, não haveria a escola e, por conseguinte, deixariam de existir os demais agrupamentos, que se formam a partir da reunião da população escolar.

MECANISMOS DE SUSTENTAÇÃO DOS AGRUPAMENTOS ESCOLARES

Os principais mecanismos de sustentação dos agrupamentos escolares são a liderança, as normas de conduta escolar e as sanções.

LIDERANÇA

Um dos fatores mais importantes para conservar a coesão dos numerosos subgrupos que formam a escola é o sistema de controle, que procura manter o comportamento de indivíduos e grupos em conformidade com os padrões estabelecidos. A liderança constitui um dos principais mecanismos do sistema de controle do comportamento.

Dois aspectos devem ser considerados na definição de liderança: o *prestígio pessoal*, que é consequência da própria personalidade do líder; e a *delegação coletiva*, que consiste na atribuição ao líder da faculdade de mandar (autoridade), delegação que é feita pela coletividade.

Interessa-nos aqui distinguir a liderança exercida pelo educador daquela que é exercida pelo educando.

Liderança do educador. O educador é um líder institucional, isto é, é líder não em razão do seu prestígio pessoal, mas em função da atribuição que lhe foi conferida socialmente para impor aos educandos um sistema de valores e de padrões de comportamento preestabelecidos pela sociedade.

A liderança do educador tem sua base de sustentação em três elementos principais: a idade, a posição e a força. A *idade* atribui ao professor a faculdade de coagir os alunos, na medida em que ele é portador de uma experiência cultural que está ausente nos alunos; a *posição* do professor implica, em grau variável de acordo com a sociedade, uma certa ascendência sobre os alunos, que se torna mais eficiente à medida que for mais reconhecida nos grupos de origem dos alunos, como a família e a classe social; a *força* é o elemento mais concreto e coercitivo do exercício da liderança pelo educador.

Dependendo da forma como atuar em relação aos alunos, o professor pode adquirir prestígio junto a eles, fator que tornará a sua liderança mais efetiva. O prestígio deriva principalmente de suas atitudes frente aos alunos, bem como de suas qualidades pessoais, dentre as quais podem ser destacadas a simpatia, a compreensão, o interesse pessoal pelos alunos, o respeito à sua dignidade etc.

Liderança dos alunos. Ao contrário da liderança do professor, a liderança dos alunos baseia-se principalmente no prestígio. Ao prestígio pode juntar-se a autoridade conferida pela idade ou delegada pelo professor.

Um dos meios para identificar as diversas lideranças entre os alunos é o sociograma. Este resulta da consulta aos alunos, que devem mencionar o nome de três colegas com os quais gostariam de estudar, jogar, passear etc. A partir das respostas, elabora-se um gráfico em que aparecem os alunos mais e os menos indicados.

Um aluno que dispõe de liderança pode tanto influenciar seus liderados no sentido da submissão aos padrões estabelecidos, reforçando a estrutura administrativa da escola, quanto constituir-se em incentivo à rebeldia. Esta pode ser dirigida à organização escolar – desobediência às normas, destruição do mobiliário etc. –, mas também pode conduzir seus liderados a uma participação crítica construtiva nas atividades escolares.

Normas de conduta escolar

Podem ser identificados dois grupos principais de normas: as que regem a conduta do educador e as que regem a conduta do educando.

Normas que regem a conduta do educador. Essas normas enquadram-se em três diferentes ordens de expectativas: as da comunidade, a dos educadores (professores e gestores) e as do educando. Geralmente, as três ordens de expectativas estão previamente estabelecidas, tanto em regimentos e estatutos escritos quanto em costumes próprios de cada escola.

Há escolas em que se dá mais importância à cordialidade e à tolerância nas relações entre educadores e educandos. Há outras em que prevalece o autoritarismo, a severidade, a disciplina imposta. Em cada caso, na medida em que o professor não se enquadrar nas expectativas, tenderá a sofrer sanções tanto por parte da comunidade (especialmente dos pais dos alunos), quanto por parte dos próprios colegas e dos alunos.

Normas que regem a conduta do educando. Da mesma forma que o comportamento do professor, o do aluno também responde às expectativas da comunidade, da gestão escolar e dos próprios colegas. Muitas vezes, a insubordinação e a desobediência em relação às expectativas da gestão escolar podem ser uma resposta positiva às expectativas dos colegas. O coleguismo pode levar o aluno a subordinar todos os demais interesses aos interesses do grupo. Às vezes, a transgressão da lei da escola e a rebeldia são mais importantes que a submissão pura e simples e podem contribuir de maneira mais eficiente para o desenvolvimento do senso de solidariedade, do altruísmo, do respeito humano e da firmeza do caráter. Contudo, o diálogo parece ser o caminho mais eficaz na orientação do processo educativo, de forma a conduzir realmente à realização pessoal e social de todos os nele envolvidos.

Sanções

Na escola podem existir três tipos de sanções: administrativas, pedagógicas e grupais. As duas primeiras, de modo geral, são preestabelecidas e sistematizadas; as últimas decorrem da própria interação da população escolar e podem ser sistematizadas ou difusas.

A finalidade das sanções **administrativas** é punir o aluno e o educador cujo comportamento foge à legislação e aos regulamentos escolares. A suspensão do insubordinado, a punição do atrasado, a reprovação de quem falta muito são algumas das sanções administrativas.

As sanções **pedagógicas** atingem o comportamento que não se enquadra nos padrões exigidos pela aprendizagem; punem a desatenção, a bagunça, a falta de aplicação etc. A intensidade e o tipo de sanção variam segundo os ideais educacionais dominantes no tempo e no espaço. Assim, embora a punição corporal seja condenada pela pedagogia moderna, e, em alguns lugares, até ilegal, em certas escolas continua a ser discretamente aplicada, principalmente nas primeiras séries.

As sanções **grupais**, que geralmente se desenvolvem a partir da interação entre os educandos e entre estes e os educadores, podem aplicar-se tanto ao comportamento dos colegas quanto ao dos professores. Entre os alunos, essa sanção tem como principal finalidade fortalecer normas dos grupos, ridicularizando, reprimindo, boicotando e mesmo excluindo os indivíduos que não se enquadram nas regras. Em relação aos educadores, manifesta-se principalmente sob as formas de resistência à submissão imposta pelo adulto, rebeldia, desacato à autoridade etc.

As sanções escolares podem ser excludentes, corretivas ou prestativas. As **excludentes** consistem em excluir temporária ou definitivamente o indivíduo do grupo. O professor pode ser demitido, o aluno, expulso da escola ou suspenso por alguns dias. Castigos, ameaças, repreensões, são consideradas sanções **corretivas**, pois pretendem corrigir comportamentos considerados desviantes. As **prestativas** são aquelas que impõem uma retribuição por parte dos faltosos: multa, cópia de textos, pedido de desculpa ao professor ou colega ofendido etc.

A compreensão da estrutura interna da escola – em que vários grupos interagem ao mesmo tempo – é de importância fundamental para o trabalho construtivo do professor e do gestor. Cabe a estes não apenas compreender, mas também levar em consideração em seu trabalho pedagógico os sistemas de normas, valores e sanções resultantes da interação entre os educandos, que podem ser diferentes, quando não opostos, em relação àqueles impostos pela autoridade escolar.

TEXTO COMPLEMENTAR

A escola: fragmento do futuro

Pediram-me para contar os meus desejos... Que eu dissesse os meus sonhos para a escola do meu filho...[...]

E é isto que eu desejo, que se reinstale na escola a linguagem do amor, para que as crianças redescubram a alegria de viver que nós mesmos já perdemos.

Cada dia um fim em si mesmo. Ele não está ali por causa do amanhã. Não está ali como elo de montagem que transformará crianças em adultos úteis e produtivos. É isto que exige o capitalismo: o permanente adiamento do prazer, em benefício do capital. Eu me lembro do *Admirável mundo novo*, em que todos os prazeres gratuitos foram proibidos, em benefício do progresso, e de *1984*, em que a descoberta do corpo e do seu prazer se constituem numa experiência de subversão...

Que a aprendizagem seja uma extensão progressiva do corpo, que vai crescendo, inchando, não apenas em seu poder de compreender e conviver com a natureza mas em sua capacidade para sentir o prazer, o prazer da contemplação da natureza, o fascínio perante os céus estrelados, a sensibilidade tátil ante as coisas que nos tocam, o prazer da fala, o prazer das estórias e das fantasias, o prazer da comida, da música, do fazer nada, do riso, da piada... Afinal de contas, nem é para isso que vivemos, o puro prazer de estar vivos?

Acham que tal proposta é irresponsável? Mas *eu creio que só aprendemos aquelas coisas que nos dão prazer*. Fala-se no fracasso absoluto da educação brasileira, os moços não aprendem coisa alguma... O corpo, quando algo indigesto para no estômago, vale-se de uma contração visceral saudável: vomita. A forma que tem a cabeça de preservar a sua saúde, quando o desagradável é despejado lá dentro, não deixa de ser um vômito: o esquecimento. A recusa em aprender é uma demonstração de inteligência. O fracasso da educação é, assim, uma evidência de saúde e um protesto: a comida está deteriorada, não está cheirando bem, o gosto está esquisito...

E creio mais que é só de prazer que surge a disciplina e a vontade de aprender. É justamente quando o prazer está ausente que a ameaça se torna necessária.

Eu gostaria, então, que os nossos currículos fossem parecidos com *A banda*, que faz todo mundo marchar, sem

mandar, simplesmente por falar as coisas do amor. Mas onde, nos nossos currículos, estão estas coisas do amor? Gostaria que eles se organizassem nas linhas do prazer: que falassem das coisas belas, que ensinassem Física com as estrelas, as pipas, os piões e as bolinhas de gude; a Química com a culinária, a Biologia com as hortas e os aquários, a política com o jogo de xadrez, que houvesse a história cômica dos heróis, as crônicas dos erros dos cientistas, e que o prazer e suas técnicas fossem objeto de muita meditação e experimentação... Enquanto a sociedade feliz não chega, que haja pelo menos fragmentos de futuro em que a alegria é servida como sacramento, para que as crianças aprendam que o mundo pode ser diferente: que a escola, ela mesma, seja um fragmento de futuro...
[...]
Eu gostaria, por fim, que nas escolas se ensinasse o horror absoluto à violência e às armas de qualquer tipo. Quem sabe algum dia teremos uma Escola Superior de Paz, que se encarregará de falar sobre o horror das espadas e a beleza dos arados, a dor das lanças e prazer das tesouras de podar. Que as crianças aprendessem também sobre a natureza que está sendo destruída pelo lucro, e as lições do dinossauro que foi destruído por causa do seu projeto de crescimento, enquanto as lagartixas sobreviveram... É certo que os mais aptos sobreviverão, mas não sugere que os mais gordos sejam os mais aptos. E que houvesse lugar para que elas soubessem das lágrimas e da fome e que o seu projeto de alegria incluísse a todos... Que houvesse compaixão e esperança...

E aqui está, minha filha, o meu bem-dizer, minha bendição, meu melhor desejo: que você seja, com todas as crianças, da alegria sempre uma aprendiz, para citar o Chico, e que a escola seja este espaço onde se servem às nossas crianças os aperitivos do futuro, em direção ao qual os nossos corpos se inclinam e os nossos sonhos voam...

(ALVES, Rubem. Depoimento apresentado no Fórum de Educação do Estado de São Paulo, promovido pela Secretaria de Educação em agosto de 1983.)

QUESTÕES PROPOSTAS

1. Descreva alguns dos seus grupos ao longo dos anos de escola. Você ainda mantém contato com membros desses grupos? Que tipo de contato?

2. A partir da própria experiência escolar, caracterize o tipo de liderança que os professores exercem em relação aos alunos.

3. Nas turmas em que estudou, houve alunos que se destacaram como líderes? Em que se fundava essa liderança? Foi benéfica ou prejudicial para o desenvolvimento dos estudos?

4. Como avalia suas atividades escolares em relação às ideias expostas no texto complementar? Você concorda com elas? Por quê?

Escola-comunidade:
a interação necessária

Um dos caminhos para a superação tanto da alienação em relação à realidade quanto do "fracasso escolar" é a interação construtiva entre a escola e a comunidade em que está inserida.

CONHECER A REALIDADE É O PONTO DE PARTIDA

O primeiro passo para a interação positiva entre a escola e a comunidade é, sem dúvida, o conhecimento da própria comunidade por parte da escola. Quando educadores (professores e gestores) são originários do meio em que se localiza a escola, sua vida comunitária certamente lhes fornecerá inúmeros dados para esse conhecimento. Entretanto, mesmo nesse caso é necessário sistematizar e organizar esses dados, que, assim, poderão ser utilizados de forma mais eficaz no trabalho escolar. Muitas vezes, no entanto, observam-se professores que nasceram e vivem na comunidade e, na sala de aula, vestem a máscara do sistema escolar e social e, como seus representantes, tornam-se opressores dos alunos. O conhecimento da comunidade só será válido e eficaz na medida em que, ao invés de ser desconsiderado ou utilizado contra ela própria, contribuir para o seu desenvolvimento e o de sua população escolar.

Para que isso aconteça, são necessárias duas coisas: a primeira é que os educadores se disponham a abandonar sua posição "superior" de meros transmissores do conhecimento e controladores do comportamento para assumir um trabalho lado a lado com os alunos e com a comunidade, com vistas a promover a independência dos alunos e estimulá-los a recriar conhecimentos úteis e válidos para o seu desenvolvimento integral e o das suas comunidades.

Em segundo lugar, é necessário que haja na escola um serviço permanente de intercâmbio com a comunidade. É claro que esse intercâmbio precisa ser constante em todas as atividades escolares e envolver todos os professores e gestores. Entretanto, a existência de um serviço específico permite racionalizar e tornar mais eficaz esse intercâmbio. A esse serviço caberão duas tarefas importantes:

- **Coletar e organizar** – em fichas e pastas, em arquivos de internet ou por qualquer outro meio – o maior número possível de informações sobre a comunidade. Estas precisam ser as mais amplas possíveis, abrangendo as condições materiais (ruas, moradias, saneamento básico, água tratada, iluminação pública, espaços públicos, trabalho, salários, desemprego etc.); as condições sociais (educação, saúde, assistência à infância, aos idosos, respeito às minorias etc.); condições culturais (locais apropriados para eventos artísticos, lazer, atividades de fins de semana etc.); condições familiares (tipos de famílias, relacionamento do aluno com os outros membros da família etc.). Não basta que essas informações sejam coletadas e organizadas. Precisam estar à disposição de todos os educadores, ser estudadas e discutidas e estimular a segunda tarefa do serviço de intercâmbio.
- Cabe ao serviço de intercâmbio **promover atividades** que facilitam a interação entre a escola e a comunidade, tanto no sentido escola-comunidade, quanto no inverso, comunidade-escola.

Na medida do possível, é aconselhável que tal serviço conte com a participação, pelo menos, de representantes de cinco grupos envolvidos no trabalho escolar: gestores, professores, alunos, pais ou responsáveis e líderes comunitários (associação de moradores e amigos do bairro, clubes esportivos, entidades culturais etc.).

A ESCOLA NA COMUNIDADE

Como vimos, o mero conhecimento da comunidade não é suficiente se ele não conduzir ao desenvolvimento conjunto da população escolar e da própria comunidade. E isso só será possível por meio de atividades práticas que deem feição real ao intercâmbio. São inúmeras as atividades possíveis, cabendo a cada escola selecionar as mais viáveis e úteis. Dentre as iniciativas da escola, destacam-se visitas familiares, saídas para lazer, para estudo e para participar em trabalhos comunitários.

Visitas familiares

O conhecimento da família do aluno é indispensável para a eficácia do trabalho escolar e, para tal, nada melhor que a visita à sua moradia. Sempre que possível, cumpre ao professor e/ou ao orientador educacional empenharem-se em visitar a família dos alunos, de modo especial a daqueles que enfrentam maiores dificuldades na aprendizagem e no relacionamento com colegas e educadores. Tais visitas parecem mais importantes e viáveis no caso da educação infantil, pré-escolar e ensino fundamental I, quando muitas vezes o professor só lida com uma turma, mas também podem ser úteis em outros níveis de ensino, em situações específicas em que o aluno apresenta problemas de adaptação às atividades educativas.

Saídas para lazer e cultura

As saídas de alunos da escola para participar de atividades de lazer e de cultura são extremamente importantes para sua educação. Tais saídas podem ser para outra escola a fim de participar de campeonatos esportivos, gincanas interescolares etc.; para clubes recreativos da comunidade; para locais turísticos em que predominam as paisagens naturais; para ver um filme interessante, um espetáculo teatral ou musical etc. Na volta à escola, nos dias seguintes, essas saídas podem ser exploradas pelas diversas matérias, enriquecendo assim a formação dos estudantes.

Saídas para estudo

Muitas vezes os alunos residem num bairro, vila ou cidade e não conhecem o local ou a região, sendo, portanto, as saídas da escola uma ótima oportunidade para se familiarizarem com o lugar em que moram. Tais saídas podem também servir à aprendizagem de uma determinada matéria: estudar a vegetação e os animais num zoológico; pesquisar sobre o solo, as pedras, a água etc. num parque natural; analisar o trânsito, os sinais, a travessia dos pedestres numa via urbana; compreender o trabalho humano numa visita a uma fábrica, a uma fazenda, a um sítio; entender a atividade comercial na visita a uma loja, a um supermercado etc.

Participação em trabalhos comunitários

A comunidade pode estar enfrentando problemas para cuja solução a contribuição dos alunos seja importante, por meio de um mutirão, por exemplo. Dentre os trabalhos comunitários de que a escola ou algumas de suas turmas podem participar de forma organizada estão a limpeza de uma rua, de uma praça, a construção de um centro comunitário ou de uma quadra de esportes; a arrecadação de fundos para auxiliar idosos, famílias mais necessitadas ou desempregados; a promoção de atividades recreativas e culturais para a comunidade nos finais de semana; além de outras.

Cabe a cada escola, a partir da realidade local, selecionar as atividades mais apropriadas à educação dos alunos e ao desenvolvimento integral da população escolar e da comunidade. Importa que os educadores, de modo especial, estejam atentos à importância dessa participação comunitária dos alunos tanto para uma maior eficácia do trabalho escolar, quanto para a sua realização pessoal e social.

A COMUNIDADE NA ESCOLA

Da mesma forma que a escola, para bem realizar o seu trabalho, precisa estar presente na comunidade, esta não pode estar ausente da escola. A presença da comunidade na escola, além de se fazer por meio dos mecanismos tradicionais, com as associações de pais e mestres, os conselhos escolares, as festas etc., pode revestir-se de diversas outras formas, dentre as quais: contribuir no planejamento, na execução e na avaliação das atividades escolares; participação em eventos de cultura e lazer; na discussão dos problemas da comunidade em busca de soluções para eles.

A comunidade e as atividades específicas da escola

O fato de as atividades de ensino e aprendizagem, nas diversas matérias, constituírem a função específica da escola não implica que a comunidade deve estar ausente delas. Pelo contrário: quanto maior a presença da comunidade, tanto maior tenderá ser a eficácia do trabalho pedagógico.

Em sua programação, os gestores e os professores não podem deixar de levar em consideração as condições da comunidade. Mesmo que o currículo seja imposto de cima para baixo, na execução desse currículo e no planejamento das atividades apropriadas para o ensino, a consecução dos objetivos dependerá em parte significativa da presença da comunidade. A escola não poderá programar atividades que estejam distantes do contexto sociocultural da comunidade, sob pena de programar o fracasso.

Na execução das atividades, a contribuição da comunidade também é importante. Esta poderá oferecer materiais (sucata, objetos de vários tipos e tamanhos, ferramentas etc.); locais para atividades extraescolares; profissionais com experiências nos diversos setores do trabalho humano para prestarem depoimentos etc.

A escola como centro de cultura e lazer

De modo especial nas comunidades pobres, que constituem a maioria no Brasil, não há locais apropriados para o desenvolvimento de atividades de cultura e lazer. Então a escola, principalmente nos fins de semana, pode abrir suas portas para promoções artísticas – teatro, música, dança, artesanato etc. – e de lazer – campeonatos esportivos, jogos comunitários, brincadeiras infantis etc. As vantagens dessa iniciativa da escola são múltiplas: beneficiam tanto a formação de crianças e jovens quanto o desenvolvimento comunitário.

É verdade que há escolas que se reduzem a uma ou poucas salas, sem infraestrutura razoável. Cabe então à escola atuar em parceria com a comunidade junto aos poderes públicos para que sejam instalados locais apropriados para atividades comunitárias e melhoradas as condições da própria escola. Esta também pode liderar a comunidade com o objetivo de juntar esforços para a construção de um centro comunitário.

A ESCOLA COMO CENTRO DE DISCUSSÃO SOBRE OS PROBLEMAS DA COMUNIDADE

Muitas vezes a comunidade pode estar enfrentando sérios problemas e não dispor de um local apropriado para discuti-los em busca de soluções, nem de lideranças que assumam a frente desse movimento. É aí que pode entrar a escola, organizando e liderando encontros e encaminhando as soluções propostas: um mutirão, uma comissão de reivindicação junto às autoridades, um grupo de trabalho para melhor avaliar a situação etc.

É claro que não cabe à escola monopolizar a liderança e o controle das atividades comunitárias, mas funcionar antes de tudo como animadora dessas atividades e como estimuladora do surgimento de lideranças comunitárias.

ESCOLA E ORGANIZAÇÃO COMUNITÁRIA

A organização comunitária parece ser a forma mais eficaz de que a população pode lançar mão para resolver os seus problemas. É através dela que a comunidade pode resolver por si mesma os problemas que enfrenta ou exigir de quem de direito – as autoridades públicas, por exemplo – a solução.

Diante desse fato, a escola pode assumir três atitudes distintas:

a. simplesmente alienar-se, fazer de conta que não tem nada a ver com a comunidade e seus problemas; já vimos o quanto essa posição é prejudicial não só à eficácia do trabalho pedagógico, como também à educação integral dos alunos e ao desenvolvimento comunitário;

b. limitar-se a prestar um trabalho de assessoria à população e/ou às organizações comunitárias e, eventualmente, colocar à sua disposição as suas salas: é mais do que nada, mas ainda parece insuficiente;

c. participar diretamente do trabalho de organização da comunidade. Como vimos, não cabe à escola tutelar ou controlar a organização comunitária; cabe-lhe, antes, estimular o surgimento e o desenvolvimento dessa organização, fornecendo-lhe os subsídios que se fizerem necessários, tanto de ordem material (papel, computador, salas etc.), quanto em termos de recursos humanos.

Dessa forma, os alunos poderão aprender na prática a participar socialmente, a influir nas decisões que lhes dizem respeito, a exigir que se cumpram os seus direitos de cidadãos, a construir comunitariamente o mundo em que pretendem viver e deixar para seus filhos.

TEXTO COMPLEMENTAR

Cidades pobres recebem menos recursos para merenda

Relatório do Ministério da Economia de avaliação de políticas públicas [...] aponta que o formato do Programa Nacional de Alimentação Escolar (Pnae) privilegia cidades mais ricas, deixando as mais pobres, que estão majoritariamente no Nordeste, com menor parcela dos recursos. Essas são justamente as mais dependentes da verba federal.

O Pnae paga uma quantia fixa por aluno matriculado na rede pública. Esse valor, que não sofre reajuste desde

2017, é de R$ 0,36 para estudantes do ensino fundamental e médio que tem aula em horário parcial e de R$ 1,07 para matriculados em tempo integral.

De acordo com o relatório de avaliação de políticas públicas, produzido pelo Conselho de Monitoramento e Avaliação de Políticas Públicas (CMAP), do Ministério da Economia, o Pnae destina 21% da verba para as 30% das cidades com menor investimento por aluno (Vaat) e 42% para as 30% com maior Vaat. [...]

– O programa precisa de regras para reduzir desigualdades, como acontece com o Fundeb (Fundo Nacional de Desenvolvimento do Ensino Básico), por exemplo. Ele poderia corrigir isso pagando mais dependendo da condição socioeconômica dos alunos ou da capacidade de arrecadação do município – diz João Marcelo Borges, pesquisador do Centro de Desenvolvimento da Gestão Pública e Políticas Educacionais da Fundação Getúlio Vargas (FGV/DGPE).

[...]

Além disso, dados da Pesquisa Nacional de Saúde do Escolar (PeNSE) de 2015, realizada pelo IBGE, mostram que, dentro de cada rede de ensino, a merenda escolar é proporcionalmente mais consumida pelos alunos mais vulneráveis. Em especial negros, de menor renda e de escolas da zona rural.

[...]

Nos últimos anos, no entanto, o orçamento real tem caído: passou de R$ 123 por ano por aluno (média de R$ 0,61 por dia de aula), em 2010, para R$ 113 (média de R$ 0,56 por dia de aula), em 2020. Outro problema é o da fiscalização. Segundo a Controladoria Geral da União (CGU) um terço das suas ações com a Polícia Federal envolvem desvios no Pnae.

Criado ainda na década de 1940, o programa mudou de patamar em 1994, quando começou a descentralizar recursos, passando a verba diretamente para estados e municípios realizarem a compra dos alimentos. Com isso, passou a ser uma das mais bem sucedidas estratégias para garantir a permanência das crianças mais pobres na escola e até a segurança alimentar de parte das famílias brasileiras.

– Esse programa é uma das bases das melhorias da educação básica no Brasil. Mas é óbvio que há problemas. O recurso é insuficiente. Além disso, é preciso corrigir desigualdades e melhorar a fiscalização – afirma João Marcelo Bortes.

(ALFANO, Bruno. Cidades pobres recebem menos recursos para merenda. *O Globo*, 01 jul. 2021)

QUESTÕES PROPOSTAS

1. Como foram as tuas experiências quanto à interação entre a escola e a comunidade? Positivas? Negativas? Ou nem existiram?
2. O que você acha das propostas apresentadas neste capítulo sobre a presença da escola na comunidade?
3. E sobre a presença da comunidade na escola?
4. Como você interpreta o fato de cidades pobres receberem menos recursos para merenda?

Educação fora e dentro da escola

A educação nos acompanha ao logo de toda a vida, já que sempre estamos aprendendo coisas novas e, portanto, nos educandos. Entretanto, é na infância que o processo educativo é mais intenso, proporcionando ao indivíduo o instrumental físico, intelectual, emocional e social de que precisa para tornar-se um ser humano, um ser social. E a educação acontece em todos os ambientes em que se encontra a criança, desde que haja adultos ou pessoas mais velhas, cujos padrões comportamentais a criança é estimulada a assimilar.

A EDUCAÇÃO COMO PROCESSO SOCIAL

Para o sociólogo francês Émile Durkheim (1978: 41),

> a educação é a ação exercida, pelas gerações adultas, sobre as gerações que não se encontram ainda preparadas para a vida social; tem por objeto suscitar e desenvolver, na criança, certo número de estados físicos, intelectuais e morais, reclamados pela sociedade política, no seu conjunto, e pelo meio social a que a criança, particularmente, se destine.

Dessa definição podemos extrair duas ideias importantes: a educação é ao mesmo tempo uma e múltipla; e a educação consiste na socialização metódica das novas gerações.

Aspectos múltiplo e uno da educação

A educação não é a mesma em todas as partes e em todos os tempos. Considerando-se várias sociedades e várias épocas, observamos diferentes tipos de educação e diferentes ideais educativos. Na verdade, não há uma educação universal e única.

Exemplos históricos dessa diversidade são citados pelo próprio Durkheim (1978: 35):

> Em Atenas, procurava-se formar espíritos delicados, prudentes, sutis, embebidos da graça e harmonia, capazes de gozar o belo e os prazeres da pura especulação; em Roma, desejava-se especialmente que as crianças se tornassem homens de ação, apaixonadas pela lógica militar, indiferentes no que tocasse às letras e às artes. Na Idade Média, a educação era cristã, antes de tudo; na Renascença, toma caráter mais leigo, mais literário; nos dias de hoje, a ciência tende a ocupar o lugar que a arte outrora preenchia.

Está claro que a referência dos exemplos de Durkheim é o mundo ocidental, sendo totalmente diversa a educação do Oriente e a da civilização islâmica. Mas, mesmo se considerarmos a educação contemporânea, observamos significativas diferenças em relação a seus objetivos: entre as sociedades indígenas, valoriza-se a robustez física e a estética corporal, mas também a tradição espiritual recebida através de ensinamentos orais; nas sociedades capitalistas parece predominar a orientação individualista, em que a competição é um processo básico; na social-democracia o interesse coletivo tende a sobrepor-se.

Até no interior de uma mesma sociedade variam os tipos de educação. Numa sociedade de castas, como a indiana, a educação varia de uma casta a outra: não é a mesma para os brâmanes (casta superior) e para os sudras (casta inferior). Na Idade Média, organizada em estamentos, a educação do pajem, filho de nobres, era bem diferente da do vilão, habitante das vilas. Em nossa sociedade, a educação do filho do operário não é a mesma daquela do filho do patrão; na cidade é diferente que no campo; também varia de acordo com a profissão, a religião etc.

Entretanto, apesar de todas essas distinções, há um aspecto comum a todas as formas de educação. Todas pretendem inculcar nas novas gerações as ideias, sentimentos e práticas que, segundo a sociedade política, melhor dizendo, segundo o grupo dominante na sociedade, são capazes de fazer delas seres adultos.

Dentro de uma mesma sociedade, sejam quais forem as maneiras de pensar, sentir e agir de cada grupo particular, há sempre maneiras comuns a todos, que constituem sua unidade: uma língua, uma história, uma geografia, uma literatura etc. Além desses aspectos específicos de uma sociedade ou de uma nação, há que considerar as conquistas da própria humanidade no decorrer da história: a ciência, o direito, a arte, as técnicas etc., que são patrimônio comum da humanidade. Independentemente da categoria social a que pertencem os alunos, cabe-lhes receber, por meio da educação, a herança comum ao seu povo e à humanidade. É esse o aspecto uno da educação.

Educação como socialização

Embora formando uma unidade, pode-se dizer que cada um de nós é constituído por dois seres: um ser individual formado por todos os estados mentais que só se relacionam conosco mesmos; e um ser social identificado com um conjunto de ideias, sentimentos e hábitos que não expressam a nossa individualidade, mas o grupo ou os grupos diversos de que fazemos parte. Assim são os ditames da religião, as práticas morais, as tradições, a opinião pública etc. Desenvolver esse ser social em cada um de nós também é o fim da educação.

Não nascemos com esse ser social, nem ele se desenvolve de modo natural em nós. O ser humano, espontaneamente, não se submeteria à autoridade, não respeitaria a disciplina, não se sacrificaria por objetivos coletivos. É a educação, como socialização, que o conduz a tais condutas sociais. Ao nascer, o ser humano é associal. A cada nova geração, a sociedade deve começar da estaca zero, pois a socialização não é hereditária e deve processar-se sempre de novo. A educação cria um ser novo, transforma num ser social cada ser associal que nasce.

Avançando um pouco mais em nossa argumentação, podemos afirmar que é o próprio indivíduo que se educa. Se cada um não organizar e reorganizar as próprias experiências, ninguém o fará por ele. A não ser que ele se transforme em mero autômato, a responder automaticamente aos estímulos externos para os quais foi condicionado. Mas, mesmo assim, deverá ter condições de perceber e interpretar tais estímulos.

Aceitando, embora, que toda a educação é uma autoeducação, não podemos esquecer que é a sociedade ou o grupo social dominante que estabelece o clima, fornece os meios e impõe os objetivos e a orientação desse processo. E que, tanto dentro quanto fora da escola, a educação pode ser intencional e não intencional. É intencional quando as condições educativas – objetivos, recursos, atividades – são previamente estabelecidas e arranjadas pelo grupo social. É não intencional quando não há preparação prévia das condições que levam à educação; o indivíduo, como participante do grupo ou mero espectador, a partir da própria convivência social, vai assimilando e incorporando maneiras de agir, sentir e pensar do grupo.

EDUCAÇÃO FORA DA ESCOLA

Fora da escola parece predominar a educação não intencional, já que o indivíduo aprende e se educa através de todas as experiências sociais das quais participa: brinquedos, jogos, passeios, meios de comunicação social (rádio, televisão, redes sociais etc.), convivência com os pais, irmãos, amigos etc. Isso não significa dizer que fora da escola não há educação intencional: a maior parte dos pais tem objetivos claros a atingir em relação à educação dos filhos e aplica os meios que considera mais eficientes para alcançá-los. Ou seja, existe a intenção de educar, de orientar, de criar condições para que os filhos possam desenvolver-se de acordo com as suas expectativas.

O nascimento introduz a criança num mundo novo, com numerosas e sempre novas experiências, tanto individuais quanto sociais. Ao nascer, o bebê se defronta com muitas coisas que, aparentemente, nada têm a ver com a sociedade, pois envolvem de maneira especial o seu próprio corpo: sensações de fome, de prazer, de desprazer, de conforto e desconforto físicos; seu corpo é atingido por inúmeros estímulos físicos externos como luz, escuro, calor, superfícies diversas (rugosas, lisas, duras, macias), líquidos, sólidos etc.

Mas é também ao nascer que tem início a vida social da criança, já que seu mundo é habitado por outras pessoas. Pessoas que ela, aos poucos, vai aprendendo a distinguir, compreendendo a importância de cada uma para o seu bem-estar. Os próprios componentes aparentemente não sociais das primeiras experiências vão sendo imediatamente influenciados pelos componentes sociais. Só outras pessoas podem reduzir a sensação de fome do nenê, podem diminuir seu desconforto, podem trocar sua roupa molhada etc. São os outros que criam as condições para as experiências infantis, que ditam os padrões para a criança estabelecer suas relações com o mundo exterior. Esses padrões vão sendo incorporados por ela, isto é, penetram em seu organismo e interferem em seu crescimento.

Um dos primeiros padrões determinados socialmente refere-se ao horário das refeições:

> Se a criança é alimentada somente em horas determinadas, seu organismo é forçado a adaptar-se a esse padrão. E, ao realizar o processo de adaptação, suas funções sofrem uma modificação. O que acaba acontecendo é que a criança não apenas é alimentada em horas determinadas, mas também sente fome nessas horas. Numa espécie de representação gráfica, poderíamos dizer que a sociedade não apenas impõe seus padrões ao comportamento da criança, mas estende a mão para dentro de seu organismo a fim de regular as funções de seu estômago. O mesmo se aplica à secreção, ao sono e a outros processos fisiológicos ligados ao estômago. (Berger e Berger, 1978: 201)

POR TRÁS DE TUDO, A SOCIEDADE

A decisão entre alimentar a criança em horários fixos ou sempre que chora, na maioria das vezes, não é uma decisão individual da mãe. Representa um padrão que prevalece na sociedade ou no grupo social ao qual ela pertence. Mesmo dentro de uma mesma sociedade há variações. Assim, nos Estados Unidos, por exemplo, foram as mães de classe média que começaram a alimentar seus filhos com mamadeira, prática que depois se espalhou para outras classes. A reação contra a mamadeira e a favor da amamentação ao seio também foi iniciada por mães de classe média. Atrás delas, certamente atuaram médicos e outros profissionais, assim como também possíveis interesses econômicos no uso da mamadeira.

O que ocorre com o horário das refeições verifica-se também com outros padrões sociais que a criança vai absorvendo, como o uso do penico ou do vaso sanitário, a escolha da roupa que deve vestir, o modo de tratar as outras pessoas, a aprendizagem da linguagem, o valor do trabalho e do estudo etc.

Esses padrões de comportamento, relativos ao grupo e à sociedade, aparecem para a criança como absolutos. É essa absolutização que torna possível e eficiente o processo de socialização. Para a criança não há alternativa, a não ser submeter-se aos padrões adultos, já que ela depende deles. Os adultos detêm o poder absoluto sobre a criança e a resistência que esta pode oferecer mais dia ou menos dia acaba cedendo. O mundo que a criança conhece é o mundo apresentado pelos adultos. Só mais tarde ela descobre que há outros mundos, outros padrões, e pode abandonar a visão absolutista das coisas.

Os padrões sociais são impostos tanto de forma intencional, explícita e impositiva – lave as mãos, escove os dentes, respeite os mais velhos etc. – quanto de maneira não intencional, quando são internalizados inconscientemente pela criança, a partir da própria convivência social, da observação e imitação dos adultos, da influência da propaganda etc. Encontram-se nessa categoria, de modo especial, as suas atitudes em relação a si mesma, aos outros e ao mundo. Introversão ou extroversão, timidez ou descontração, crenças, superstições, preconceitos etc. são passados para as crianças pelo exemplo dos adultos que não mediante um treinamento intencional.

EDUCAÇÃO ESCOLAR

A escola é a agência especializada na educação das novas gerações. Sua finalidade específica é colocar à disposição dos alunos, por meio de atividades sistematicamente programadas, o patrimônio cultural da humanidade. Pressupõe-se que esse patrimônio, no que tem de mais importante e fundamental, esteja concentrado nas matérias escolares. Entretanto, nem sempre isso acontece, já que o currículo escolar muitas vezes não inclui as experiências humanas mais significativas, mas apenas aquelas partes dessas experiências que mais interessam aos grupos dominantes, que são exatamente aqueles que formulam os currículos e programas. Apenas um exemplo: por que é tão escassa a presença das artes, que estimulam a sensibilidade e a criatividade, e tão grande a de matérias baseadas na memorização ou na repetição de fórmulas, como a Matemática e a Gramática?

Os métodos utilizados pela escola para cumprir sua finalidade específica, de um modo geral, são bastante variados: desde métodos autoritários e unilaterais, baseados na transmissão pura e simples da matéria pelo professor, até métodos mais democráticos e fundados no diálogo, nos quais a aprendizagem se faz a partir das próprias experiências dos alunos: estes, ao invés de receber passivamente conhecimentos prontos, participam da elaboração do seu próprio conhecimento da realidade.

TEXTO COMPLEMENTAR

Racismo "à brasileira"

Nas últimas décadas, a ciência concluiu que a classificação dos seres humanos por raças deve ser cientificamente desacreditada. Entretanto, mesmo que uma realidade natural, próxima ao que é classificado como raça, não exista de fato, o termo "raça" pode ser considerado uma ficção que adquire força de realidade quando usado para classificar os seres humanos. Paradoxalmente, mesmo que os seres humanos não sejam divididos em raças biológicas, se um indivíduo ou população é tratado na prática como se fizesse parte de um grupo racial, essa forma de tratamento provoca consequências nas relações sociais e nas suas formas de viver, trabalhar e estudar, por exemplo.

É necessário explicitar que esse conceito, como é utilizado pelas ciências sociais, atualmente não se refere a uma essência natural, mas a uma classificação social utilizada para designar indivíduos e grupos sociais com base em algum critério arbitrário escolhido, como a aparência ou a cor da pele, por exemplo. O problema é que a classificação racial gera um tratamento diferenciado e negativo contra aqueles que são assim rotulados.

Na história do Brasil, desde a chegada dos colonizadores portugueses no século XVI e dos demais imigrantes europeus a partir do século XIX, as relações sociais foram fortemente marcadas pelo preconceito e pela intolerância em relação aos moradores naturais do lugar, denominados de maneira depreciativa como índios, e aos membros e descendentes dos grupos humanos do continente africano que aqui foram introduzidos como escravos negros. Para piorar o processo de formação cultural do novo país, inúmeros intelectuais brasileiros aderiram às teorias etnocêntricas e racistas europeias.

Depois da Segunda Guerra, dos fenômenos do nazismo e do fascismo, a discriminação fundada na classificação do *outro* como membro de uma raça ou etnia e transformada em uma maneira de pensamento que orientava a conduta humana ficou desmoralizada, passando a ser encarada como uma espécie de preconceito degenerado que poderia levar à crueldade sem limites. Mesmo assim, embora atualmente seja considerada deselegante e grosseira, além de crime previsto em Lei, a discriminação étnica ou racial continua a existir. O racismo contra os negros, por exemplo, continua a existir entre os cidadãos brasileiros. Entre os ativistas dos movimentos políticos negros, já se convencionou chamar de "racismo à brasileira" a maneira preconceituosa e discriminatória de tratamento dispensada aos indivíduos classificados como negros no país. Aqueles que são "racistas à brasileira" concebem, no seu íntimo, a existência de raças superiores e inferiores e de uma hierarquia entre as raças, cada uma ocupando um lugar já estipulado na pirâmide social, com os brancos, é óbvio, no topo. E isso, evidentemente, sem conflitos nem animosidades; muito pelo contrário, os desiguais brancos, negros, índios e mestiços devem se tratar de maneira cordial, se possível com laços de afetividade e intimidade, tratamento este que permite até a negação da existência do racismo. É assim que se expressa o "racismo à brasileira", um racismo que até tem vergonha de ser assumido como tal, mas que não deixa de gerar a humilhação e a exploração dos negros. É muito difícil que, em qualquer das instâncias de poder e de prestígio levadas em conta hoje em dia, os negros não ocupem as posições subalternas que lhes são destinadas previamente.

(PRAXEDES, W.; PILETTI, N. *Principais correntes da Sociologia da Educação*. São Paulo: Contexto, 2021, p. 134-5.)

QUESTÕES PROPOSTAS

1. Explique os sentidos uno e múltiplo da educação.
2. Caracterize a educação fora da escola.
3. Como a educação escolar se distingue da extraescolar?
4. Por que, embora desacreditado cientificamente, continua pertinente a utilização do conceito de raça? Você concorda com o texto quando afirma a existência de um "racismo à brasileira"? Como ele se caracteriza?

Educação para a manutenção da ordem

Ninguém escapa da educação. Ela é condição necessária para a vida humana. Mas também é paradoxal: ao mesmo tempo em que é instrumento de manutenção da ordem social, também pode contribuir para a transformação das condições vigentes; oprime, mas também liberta.

Os que enfatizam a manutenção da ordem social geralmente são os que se beneficiam da situação existente, do *status quo*, aos quais se aliam aqueles que esperam algum dia também dela usufruir por meio da ascensão socioeconômica. É por isso que insistem em conservar a ordem vigente, quando não defendem o atraso ou o recuo a valores de épocas em que eram ainda maiores os privilégios. Se não podem conservá-la, procuram ao menos controlar o processo de mudança, para que não resulte em perda de privilégios.

O sistema educacional, no intuito de favorecer a manutenção da ordem, pode lançar mão de processos distintos, mas interdependentes, dos mais sutis e disfarçados aos mais abertos e manifestamente coercitivos: reprodução, repetição, segregação, condicionamento, repressão e exclusão, dentre outros.

A REPRODUÇÃO

Procura-se garantir a continuidade da ordem vigente por meio da reprodução, na escola, das condições do sistema social mais amplo.

Para tanto utilizam-se todos os elementos da escola: os professores são treinados para transmitir o que receberam, sem nada modificar ou acrescentar; os prédios escolares são construídos de forma a garantir a ordem e a disciplina; as turmas são divididas de maneira a dificultar o intercâmbio criativo e facilitar a dominação; o material didático enfatiza a necessidade de ordem e disciplina; os métodos de ensino baseiam-se na autoridade, mais no que na pesquisa e na discussão.

A reprodução atinge os diversos campos da vida humana, dentre os quais destacam-se as condições econômicas, as condições sociais e as condições culturais.

Condições econômicas

Ainda hoje as escolas podem ser divididas em três grandes grupos. No primeiro estão aquelas destinadas às classes econômicas mais elevadas, que possuem grande soma de recursos para oferecer aos alunos as melhores condições de ensino e aprendizagem: salas-ambientes, laboratórios, bibliotecas, computadores, recursos audiovisuais, auditórios, quadras poliesportivas, professores bem remunerados com oportunidades de aperfeiçoamento constante etc.

O segundo grupo, que inclui a grande maioria das escolas, destina-se às classes baixas, aos trabalhadores em sua maioria sem qualificação, sendo mantidas, em grande parte, pelos poderes públicos. Em sua quase totalidade, essas escolas têm recursos extremamente reduzidos: prédios muitas vezes em ruínas e móveis em condições precárias; inexistência de laboratórios e bibliotecas (quando existem, têm poucas condições de uso); falta de recursos audiovisuais, de computadores, quadras esportivas, auditórios etc.; professores mal remunerados, muitas vezes obrigados a trabalhar em várias escolas e, portanto, sem condições de bem executar o seu mister educativo.

Há também escolas situadas em zonas intermediárias, frequentadas por uma minoria de alunos com situação econômica elevada e uma maioria de filhos de famílias das classes média e baixa. Neste caso, o que muitas vezes se verifica é que as próprias condições familiares e o tratamento dispensado na escola contribuem para reforçar a desigualdade: os alunos de nível econômico mais elevado, devido à sua situação familiar, parecem ser mais estimulados pelos professores a prosseguir; os outros, inclusive por um processo de comparação desvantajosa com os primeiros, são desestimulados e levados a alimentar um autoconceito negativo, o que pode levá-los ao "fracasso" escolar.

Da reprodução das condições externas pela escola, além da manutenção da desigualdade, pode resultar um certo conformismo por parte dos alunos, sendo desestimulados de lutar pela mudança da situação.

Condições sociais

Além das condições econômicas desiguais, a escola também reproduz as condições sociais circundantes. Na medida em que externamente predomina a competição desenfreada, em que os mais fortes tendem a dominar ou suprimir os mais fracos, tal processo também pode tornar-se dominante na escola: estimula-se os que estão em melhores condições, que acabam adiantando-se mais que os outros, desprezando-se os demais, justamente os que mais necessitam de estímulo.

Junto com a competição, a escola reproduz o autoritarismo vigente na sociedade, com uma nítida separação das pessoas em duas classes: as que mandam – gestores, funcionários, professores – e os que devem obedecer sem discutir: os alunos.

A consequência natural é o desrespeito à dignidade humana, a que todas as pessoas têm direito: o aluno não é tratado como uma pessoa, sujeito de sua própria educação, mas como um objeto a ser manipulado por quem detém a autoridade. A sujeição e a passividade diante dos mais fortes parecem ser as atitudes valorizadas pela escola, fortalecendo a manutenção da desigualdade social.

Condições culturais

O que se discute aqui é o "patrimônio cultural" presente nos currículos da escola. O aluno não é alguém a quem se oferecem condições de, a partir de conhecimentos existentes, construir o seu próprio saber sobre a realidade. Deve receber, sem questionar ou discutir, conhecimentos sedimentados, prontos e acabados como verdades absolutas, a serem devolvidos nas provas. O mais grave, porém, é que esses conhecimentos são selecionados a partir dos interesses daqueles que querem conservar a situação vigente. Aquelas matérias que favorecem a criatividade e o espírito crítico, como as Artes, a Filosofia, a História, são relegadas a um plano secundário.

A escola também reproduz as condições externas no tocante à cultura: uma elite detém o seu controle e só leva em conta o que é feito por ela, o que é do seu interesse. Enquanto uma minoria "faz cultura", reserva-se à maioria a condição de consumidora, quando tem recursos para tanto, principalmente através das diversas mídias, destacando-se as redes sociais. Na escola, o professor é considerado o depositário do conhecimento, enquanto os alunos são vistos como seres ignorantes, destituídos de qualquer cultura, que devem estar dispostos a aceitar o que é transmitido pelo professor.

A reprodução pela escola das condições econômicas, sociais e culturais dominantes na sociedade mais ampla tem a finalidade, se não explícita, pelo menos implícita, de manter a ordem vigente, que privilegia uns poucos à custa de muitos. Como justificativa oferece-se aos desfavorecidos a perspectiva de um dia fazer parte do grupo dos privilegiados, o que, evidentemente, só acontece em casos excepcionais. Se assim não fosse, deixariam de existir os privilégios.

A REPETIÇÃO

A repetição constante é um dos processos mais utilizado pela escola para a reprodução da ordem vigente. Existe algo mais monótono e repetitivo do que a maioria das aulas de grande parte das nossas escolas? O ritual diário repetindo os mesmos comportamentos, na sucessão das aulas, cria hábitos profundamente arraigados na personalidade do aluno. Hábitos tanto mais difíceis de modificar quanto mais prolongado for o processo de escolarização.

Embora os conteúdos das matérias escolares sejam também repetidos, são os comportamentos que obedecem a rituais quase imutáveis. Pensemos no exemplo de ritual diário seguido por uma professora do ensino fundamental I citado por Regis Farr (1982: 34):

> Durante quatro meses [...] não houve nenhuma variação na ordem das atividades e na forma como foram propostas. A aula começa com um canto. Depois conta-se quantas crianças, meninos e meninas, há na sala. A seguir há o calendário do tempo e mais um canto, o do sol, por exemplo. Segue-se o dia da semana. Então inicia-se uma série de exercícios de cópia, a partir do que a professora escreve no quadro. Antes da merenda há outro canto. Depois, uma oração.

No fundamental II, muitas vezes a principal modificação é o aumento do número de professores. Mas a rotina continua: o professor ou um aluno escreve a matéria na lousa ou lê, no livro didático, depois exercícios, correção dos exercícios etc.

Imaginemos o resultado, depois de vários anos de escolarização, de repetição diária dos mesmos comportamentos. A tendência será continuar repetindo, copiando o que outros fazem ou mandam fazer. E esses outros, está claro, são os que se beneficiam da ordem vigente e buscam perpetuá-la. O aluno sai da escola com todas as condições de estar convencido de que há um grupo que sabe e manda e outro que não sabe e deve obedecer. E muito provavelmente ele fará parte do segundo grupo.

A repetição constante tolhe a criatividade, inibe o espírito de iniciativa, desestimula a crítica, embota a inteligência. O hábito opõe-se à inteligência, dificultando o seu desabrochar. O comportamento habitual é sempre o mesmo. O comportamento inteligente é sempre novo, criativo, procurando adaptar-se de maneira sempre mais eficaz às novas situações. Aos que querem manter a ordem vigente, interessa estabelecer o hábito, não desenvolver a inteligência.

A SEGREGAÇÃO

Outro processo eficiente por meio do qual a escola dá grande contribuição à manutenção da ordem vigente é a segregação da vida escolar.

O que vemos na escola? Esta parece um sistema fechado, isolado do mundo exterior. A segregação da escola atinge tanto a vida comunitária fora dos seus muros quanto os conteúdos que são transmitidos e as pessoas envolvidas no processo educativo.

Embora situando-se numa comunidade, é rara a escola que está integrada na vida dessa comunidade. Geralmente, escola e comunidade formam dois mundos separados, cada um com sua vida independente. Os próprios muros que circundam a escola, muitas vezes encimados por vários fios de arame farpado, dão bem a ideia da separação entre a escola e a comunidade. Ou seja, o indivíduo será mais educado quanto maior for a alienação dos problemas reais, do dia a dia. Ao invés de preparar-se para intervir na comunidade, tentando contribuir para a superação dos problemas, parece que o aluno é levado a afastar-se desses problemas, a convencer-se de que nada pode fazer, a alienar-se, a deixar como está para ver como é que fica.

Nas aulas das várias disciplinas, apresenta-se um conteúdo distante da vida real. Procura-se transmitir um conteúdo abstrato ou até impedir a discussão dos problemas reais. Em Geografia, em vez de estudar o espaço próximo ao aluno e sua distribuição, estuda-se o espaço abstrato e o espaço distante, de outras regiões, de outros continentes. Há alguns anos, um professor francês, ao analisar o vestibular da USP, comentou que uma pergunta sobre a geografia da França nem no seu país era feita.

Em História, prefere-se o longínquo e frio passado ao palpitante presente e suas perspectivas futuras:

> A professora de História não passou da primeira guerra mundial. Exatamente o ponto em que a escola podia ter começado a referir-se à vida. Com certeza que não se tinha libertado da obsessão dos letreiros fascistas: "aqui não se fala de política". (Rapazes da Escola de Barbiana, 1982: 31)

A segregação em relação ao conteúdo não se verifica apenas entre, por um lado, as matérias e, por outro, a vida cotidiana de crianças e jovens e o mundo em que vivem. Entre as próprias disciplinas, ela é também evidente. O currículo é formado por aproximadamente uma dezena de matérias, sem a preocupação de que o aluno desenvolva uma estrutura de conjunto. São aulas de cerca de 45 minutos cada, sucedendo-se uma matéria a outra, sem que o aluno entenda a relação entre elas, sem que consiga compreendê-las num todo integrado, dentro da totalidade do conhecimento humano.

Como resultado desse conteúdo compartimentado – em que o professor de uma matéria recusa-se a compreendê-la e tratá-la como parte de um todo –, a cabeça do aluno também se desenvolverá em compartimentos, qual um arquivo, em que cada matéria ocupa uma gaveta. Não podendo integrar conteúdos estanques em uma visão de conjunto, dificilmente o aluno poderá utilizar tais conhecimentos, que serão rapidamente esquecidos, se é que chegaram a ser aprendidos.

A segregação entre pessoas também é favorecida na escola. Esta parece ser o paraíso das classificações: de zero a dez; A, B, C, D, E; ótimo, bom, regular, suficiente, insuficiente; primeira série, segunda série, terceira série etc.; normal e anormal; forte e fraco; superdotado e infradotado; burro, retardado, imbecil, idiota e por aí afora. A classificação dominante parece ser a entre capazes e incapazes, de fundo socioeconômico. Enquanto os primeiros devem prosseguir, aos últimos nada mais resta do que desistir.

A segregação, por meio das várias classificações escolares, coloca em campos opostos pessoas que têm interesses comuns. Assim, a maioria dos alunos, em virtude de sua situação socioeconômica têm os mesmos interesses. Entretanto são treinados para lutar uns contra os outros, ao invés de se unirem para superar os problemas que são de todos.

Todas as formas de segregação – da vida, do conteúdo e das pessoas – contribuem para a preservação da ordem vigente, dificultando a união e a organização das pessoas com vistas a transformá-la.

O CONDICIONAMENTO

De um modo geral, as escolas constituem um bem montado sistema de punições e recompensas, visando levar os alunos a se comportarem segundo os padrões sociais dominantes.

Nesse aspecto, a escola nada mais é do que a reprodução do modelo social vigente: o indivíduo que foge às regras estabelecidas é punido. O que não significa que o cumpridor delas seja recompensado. De modo geral, este deixa de ser punido, ao menos diretamente.

Embora proibidas, punições físicas ainda existem. As verbais são mais frequentes: cala a boca, sua besta, seu idiota, seu ignorante, imbecil etc. A punição mais sutil, "psicológica", também se faz presente, em forma de menosprezo do aluno, por desconsiderá-lo, não lhe dar atenção, desconhecer o seu progresso etc.

O reverso da moeda são os elogios e as promoções, através de boas notas, concedidas aos alunos que satisfazem às exigências da autoridade.

Nas últimas décadas, um dos mecanismos mais eficientes de condicionamento tem sido as redes virtuais: cresce de forma exponencial o número de indivíduos dependentes do celular, que dele não desgrudam por nada deste mundo – e talvez nem do outro –, vício que já chega aos consultórios médicos. Os viciados em celular buscarão nas redes virtuais compensações para as agruras e frustrações passadas e presentes da vida real?

A REPRESSÃO

A criança é um ser em desenvolvimento, que está desabrochando para o mundo. Um ser em que predomina a atividade lúdica, através da qual descobre e conquista o mundo. Um ser em que viceja a fantasia, a imaginação, o jogo, atividades quase exclusivas em seus primeiros anos de vida. Um ser em que prevalece a espontaneidade, a gratuidade dos atos, o fazer tudo o que se deseja, na hora, sem adiamentos.

A criança vai à escola. E o que acontece? Grande parte do que fazia o seu dia a dia – fantasia, imaginação, jogo, espontaneidade – passa a ser reprimido, proibido. Senão diretamente proibido, enquadrado dentro de normas e horários rígidos. Ninguém nega a necessidade de disciplinar tais atividades para que a criança se desenvolva individual e socialmente. Entretanto, o que se verifica muitas vezes é um disciplinamento abrupto, sem um período de adaptação e sem dosagem adequada de atividades espontâneas e dirigidas, e até mesmo a repressão pura e simples.

O autoritarismo, quando não se permite à criança manifestar-se livremente, resulta na formação de um ser passivo, dependente, sem iniciativa. Exatamente o indivíduo que interessa aos defensores do atual estado de coisas, àqueles que se opõem a toda e qualquer mudança. A escola torna-se, então, um treinamento para o autoritarismo.

Com o pretexto de reprimir o erro, muitas vezes o professor pode tolher uma iniciativa de participação, cortar uma possibilidade de aprendizagem, impedir um desenvolvimento mais realizador. Afinal de contas, o erro geralmente é o caminho para o acerto; o professor não é o dono da verdade; e esta nunca é absoluta.

A EXCLUSÃO

Os processos de controle social por meio da escola até aqui estudados (reprodução, repetição, segregação, condicionamento e repressão) não deixam de ser uma preparação para um processo mais definitivo: a exclusão da vida social, a marginalização cultural, econômica e política.

Na verdade, grande parte dos alunos já são preparados, desde os primeiros dias de escola, para conformar-se com um fato que se apresenta como imutável, um "destino" contra o qual nada se pode fazer: ficar à margem de tudo, na periferia da sociedade.

Quase todas as crianças entram no ensino fundamental, mas são muitos os jovens que não conseguem concluir o ensino básico, apesar de esse ser legalmente obrigatório.

Se fora da escola crianças e jovens são capazes de inúmeras coisas, manifestam uma série de habilidades, na escola muitos deles são rotulados como incapazes, fracassados, condição que os acompanhará pela vida toda se não reagirem e lutarem por seu direito à participação. A manutenção da ordem vigente, por meio do controle social, será tanto mais eficiente quanto menos numerosos os indivíduos que participarem da tentativa de transformação das estruturas sociais, buscando um lugar ao sol para todos.

TEXTO COMPLEMENTAR

Jovens desenvolvem dependência de redes virtuais

É urgente a inclusão do Transtorno de Dependência de Internet (TDI) na listagem oficial do Manual Diagnóstico e Estatístico de Transtornos Mentais da Associação Americana de Psiquiatria. Quem faz a defesa é Denise de Micheli, chefe da disciplina de Medicina e Sociologia do Abuso de Drogas (Dimesad) do departamento de Psicobiologia da Universidade Federal de São Paulo (Unifesp). [...]

A pesquisadora, que faz coro com outros profissionais de saúde mental, fundamenta-se em diversos estudos recentes sobre o tema, incluindo a dissertação de Mestrado que ela mesma orientou, intitulada *O Impacto do Uso de Mídias Digitais na Qualidade de Vida de Adolescentes*, apresentada em 2014 por Fernanda Davidoff ao Programa de Pós-Graduação em Educação e Saúde na Infância e na Adolescência da Escola de Filosofia, Letras e Ciências Humanas (EFLCCH/Unifesp) – Campus Guarulhos.

Foram avaliados 264 jovens entre 13 e 17 anos. O trabalho, planejado de modo a identificar o perfil dos usuários de internet e mídias digitais e as consequências do comportamento à sua qualidade de vida, revelou que 68% deles sofriam de dependência moderada (transtorno denominado assim pelas pesquisadoras) em relação às tecnologias atuais (como smartphones, tablets e internet), enquanto que 20% enquadravam-se como dependentes graves.

[...]

Diversas conclusões puderam ser tiradas a partir dos resultados, como a incorporação definitiva da tecnologia nos hábitos diários desses jovens. De modo geral, os alunos considerados dependentes leves apresentaram média mais alta de qualidade de vida nas áreas física, sentimental e social do que os demais grupos, mostrando que o uso que fazem da internet possivelmente não afetou esses setores. Por outro lado, os dependentes substanciais apresentaram menores médias nas esferas física, sentimental, social e escolar, indicando maior prejuízo nesses campos e menor qualidade de vida do ponto de vista global.

Quanto ao manejo de celulares e tablets, 33% mencionaram usá-los quando vão ao banheiro; 51% durante as refeições; 90% na cama, antes de dormir; e 92% afirmaram checá-los logo que acordam – antes de levantar da cama. Além disso, 79,7% confessaram voltar para casa e buscar seus aparelhos em caso de esquecimento, mesmo que isso cause atrasos em compromissos ou alguma outra forma de prejuízo.

Conectados, esses jovens podem sofrer consequências ainda mais profundas. Segundo as pesquisadoras, 82% dos estudantes se preocupam com o que pode estar acontecendo nas redes sociais enquanto está ausente; 65% resistem ao sono e dormem pouco para continuarem on-line; 61% acreditam ficar menos tímidos e mais seguros ao conversarem por meio de aplicativos de mensagens; 45% dizem sentir alívio no dia a dia; 30% sentem-se menos ansiosos; e 23% menos sozinhos.

A pesquisa indica que o abuso dessas tecnologias pode estar associado à baixa supervisão dos pais, já que 82% dos adolescentes de escolas particulares mencionaram não ter limites definidos por seus responsáveis – em oposição aos 30%, estudantes de escolas públicas, que possuem regras de uso delimitadas. "No entanto, essa limitação imposta aos estudantes do ensino público está relacionada mais ao custo do plano de internet do que a uma preocupação genuína com os excessos", pontua Denise.

Apesar de o relacionamento ruim com os pais não ter uma relação muito clara com o abuso de internet e tecnologias, as informações coletadas mostram que 100%

dos adolescentes classificados como dependentes leves mencionaram ter um bom convívio com seus pais, enquanto 44% dos jovens enquadrados como dependentes substanciais apresentaram problemas significativos em diversas áreas de sua vida, alegando um trato regular com os responsáveis.
[...]

(CARNAÚBA, Valquíria. Jovens desenvolvem dependência de redes virtuais. *Revista Entreteses*. São Paulo, Unifesp, n. 6, jun. 2016, p. 72-4.)

QUESTÕES PROPOSTAS

1. Como você caracteriza a escola (ou escolas) em que estudou quanto às condições econômicas, sociais e culturais?

2. Dos aspectos que caracterizam a educação para a manutenção da ordem – reprodução, repetição, segregação, condicionamento, repressão e exclusão –, qual ou quais predominaram durante seus anos escolares?

3. De um modo geral, pode-se afirmar que na sua escola predominou a educação para a manutenção da ordem? Por quê?

4. Com base no texto complementar, como você caracteriza a própria relação com o celular?

Educação para a transformação social

A mudança é inevitável. Por mais que se tente reter ou fazer retroceder a História, esta avança inexoravelmente. Poderá haver períodos de mudança mais lenta ou mais rápida, poderão existir grupos mais abertos e outros mais fechados e resistentes à transformação, mas ela sempre ocorre. Geralmente, a mudança não é radical, não constitui uma ruptura brusca, mas é progressiva e conserva, na nova situação, aspectos das anteriores. Assim, em plena era capitalista, ainda existem relações feudais em algumas regiões; a escola, apesar de ter mudado, ainda conserva elementos de épocas passadas: a separação em salas, o professor que apenas ensina e os alunos que só aprendem etc.

A educação escolar tanto pode atuar historicamente, constituindo-se em fator de mudança interna e externa da escola, quanto pode colocar-se contra a História, tornando-se um eficaz instrumento de conservação da ordem vigente. Neste caso, a História avançará sem a escola ou mesmo contra ela. E esta andará a reboque da História.

Na verdade, o que geralmente se observa é que, na mesma escola, podem coexistir processos de controle social e processos de mudança, prevalecendo ora uns, ora outros. Dentre os processos que contribuem para a transformação social vivenciados na escola, vejamos algumas considerações sobre a descoberta, a invenção, a visão de conjunto, a espontaneidade, a liberdade e a participação.

A DESCOBERTA

A descoberta é um dos mais importantes processos a contribuir para a mudança, a empurrar a História para frente. Trata-se do conhecimento de algo que já existe. Assim, quando Copérnico descobriu que é a Terra que gira ao redor do Sol, e não o contrário, nada mais fez do que tomar conhecimento de um fato já existente.

Na escola, pressupõe-se que os alunos entrem em contato com conhecimentos já existentes, que constituem o patrimônio cultural da humanidade e que, até então, eram por eles ignorados. Por isso mesmo, para os alunos, esses conhecimentos podem constituir verdadeiras descobertas. Apesar de já fazerem parte da cultura humana, revestem-se de novidade para os estudantes. Daí se dizer que a escola transmite conhecimentos secundários, ou seja, já descobertos.

Entretanto, apesar de constituírem saberes já existentes, tais conhecimentos podem ser assimilados sob a forma de novas descobertas, como se os alunos os estivessem descobrindo naquele momento. Os estudantes podem refazer o caminho do primeiro descobridor, do cientista que chegou inicialmente àquela conclusão, àquela lei científica etc. A redescoberta pelos alunos pode ser real – num observatório, podem refazer o caminho da descoberta de um astro; num microscópio, podem redescobrir a teoria celular etc. – ou simulada: os alunos podem colocar-se no lugar de Cristóvão Colombo, simulando os preparativos, a viagem e a chegada à América; podem simular que estão numa determinada comunidade, vivenciando suas condições de vida, e assim por diante.

A REALIDADE "AO VIVO"

A redescoberta de fatos já conhecidos pode abranger tanto o estudo de coisas quanto o conhecimento de pessoas e grupos. No primeiro caso incluem-se principalmente as ciências da natureza e a Geografia. É de fundamental importância que os estudantes redescubram minerais, vegetais, paisagens "ao vivo" e não apenas através de ilustrações dos livros didáticos ou da internet. Para tanto, a escola pode dispor de viveiros, hortas, jardins, aquários etc. O aluno descobrirá observando, tocando, e não apenas lendo sobre o que está estudando.

A redescoberta de pessoas e grupos sociais é tarefa inerente aos Estudos Sociais, à Geografia e à História. É frequente o estudo dessas matérias de maneira abstrata, sem a preocupação prática concernente às relações sociais dos alunos na escola e na comunidade. Dois exemplos ajudam a esclarecer tal situação:

> Talvez não seja o seu caso, professora, mas os seus alunos que tão bem conhecem Cícero, de quantos seres vivos conhecerão intimamente a família? Na cozinha de quantos já entraram? Em companhia de quantos já esperaram, já velaram? De quantos já sepultaram os mortos? Com quantos poderão contar numa aflição? Se não tivesse havido a inundação, ainda hoje não saberiam de quantos membros se compõe a família do térreo. (Rapazes da Escola de Barbiana, 1982: 134)

> Uma das primeiras coisas que descobri é que embora já estudassem juntos há vários anos, não sabiam os nomes uns dos outros. E isso era grave. (Leal, 1993: 14)

Um dos procedimentos indicados para despertar a curiosidade e levar os alunos à redescoberta é apresentar a matéria não em forma de conhecimentos acabados, mas em forma de perguntas, de problemas cuja solução cabe a eles procurar. Na descoberta do outro, assumem papel decisivo a discussão, o debate, a troca de ideias que permitem a cada um descobrir e compreender os pontos de vista dos outros, as diferentes maneiras de encarar os fatos e as pessoas.

Aprendendo por meio da redescoberta, os estudantes estarão se capacitando a redescobrir e contribuir para a transformação da sociedade em que vivem, dispondo-se a participar ativamente da construção de uma sociedade melhor para todos.

A INVENÇÃO

A invenção geralmente resulta na obtenção de um novo objeto a partir da combinação de conhecimentos já existentes. Embora a maior parte das invenções ocorra fora da escola, essa atividade pode contribuir para que os alunos desenvolvam a sua inventividade, estimulando dessa forma o seu desenvolvimento intelectual e sua participação social. Para tanto, a escola pode lançar mão de numerosos procedimentos:

- exercícios em que os alunos mencionem o maior número possível de usos para um objeto (clipe, tijolo, colher etc.) em determinado tempo, dois minutos, por exemplo;
- citar o maior número possível de objetos de uma determinada cor, em certo tempo;
- escrever o maior número possível de palavras iniciadas com determinada letra, num determinado tempo;
- descrever objetos depois de observá-los por alguns segundos;
- descrever objetos de olhos vendados, apenas manipulando-os;
- elaborar planos de sobrevivência em situações diversas (no deserto, na selva, com salário-mínimo etc.) com apenas alguns meios disponíveis;
- continuar, um após outro, a história começada por um aluno;
- dar título a uma história;
- elaborar modelos de organização social, com a distribuição das terras, da renda, o trabalho, o salário, a alimentação, a saúde, a educação etc.;
- construir jogos de montagem;
- propor nova distribuição dos móveis da sala, carteiras, quadros etc.
- discutir problemas existentes na comunidade, no país e no mundo, propondo soluções;
- simular situações em que o aluno deve tomar decisões: como presidente, prefeito, médico, professor, agricultor etc.;
- possibilitar aos alunos dar sugestões sobre mudanças nos métodos de trabalho na sala, nas avaliações, no estudo das matérias etc.

Quanto menos repetitivas e mais inventivas as atividades escolares, mais a educação estará contribuindo para formar pessoas dispostas a colaborar para a mudança social, para a superação de situações injustas.

A VISÃO DE CONJUNTO

Escola e comunidade não devem ser vistas isoladamente, mas interagindo e atuando em conjunto para a formação das novas gerações. Quanto mais a escola estiver aberta às condições do país e do mundo em que vivemos, mas eficiente ela será. O interesse pelos problemas que afligem a humanidade não poderá deixar de existir dentro da escola, na medida em que esta pretende formar pessoas para atuarem de forma construtiva na solução desses problemas.

As várias matérias não podem ser vistas como unidades segregadas umas das outras. A visão de conjunto dos conhecimentos é uma condição indispensável para que o estudante chegue ao domínio dos saberes, traduzidos na sua utilização prática. A fragmentação dos conhecimentos, obedecendo à separação estanque por matéria, além de dificultar a própria aprendizagem, contribui para o esquecimento rápido do que se aprende, sem possibilidade de sua utilização.

Para que o aluno possa ter uma visão de conjunto das matérias escolares, é necessário que sejam desenvolvidas atividades interdisciplinares. Um mesmo texto literário ou histórico, por exemplo, pode servir tanto ao ensino de Português quanto ao de História; um mesmo fato – a chuva, a vegetação, o relevo, a taxa de mortalidade etc. – pode ser estudado de forma integrada em Português, Ciências e Geografia.

A escola pode também contribuir para a superação da segregação entre pessoas, para a compreensão da pessoa, qualquer que seja, como princípio e fim das atividades humanas.

A abertura para costumes e valores diferentes, praticados em grupos diversos, pode ajudar a superar o preconceito e o dogmatismo. À escola cabe importante papel na superação das posições dogmáticas, de quem se julga dono da verdade. A visão de conjunto permite compreender que o mesmo fato pode ser percebido de vários pontos de vista, de várias perspectivas, todas elas possíveis e viáveis. Desse modo, os estudantes poderão desenvolver a compreensão e a tolerância em relação a posições e pontos de vista diferentes dos seus.

De modo especial quando o professor trabalha numa comunidade que não é a sua, é importante que ele compreenda a realidade diferente dos alunos. Ao mesmo tempo, pelo contato com o professor que não é da sua comunidade, os alunos podem tomar conhecimento de realidades diversas das suas. Esse intercâmbio é bom para a formação de pessoas abertas, tolerantes, e para o desenvolvimento de uma visão de conjunto, integrada, útil ao domínio e à utilização do conhecimento.

A ESPONTANEIDADE

Se todos os comportamentos são controlados por um rígido sistema de punições e recompensas, sobra pouco espaço para manifestações espontâneas, gratuitas. Se toda vez que pretender fazer algo, o indivíduo tiver que se preocupar com as consequências do seu ato, com as possíveis punições, desenvolverá grande insegurança e dependência em relação aos outros.

Embora o fato de viver em sociedade exija de todos o respeito a certas regras, isso não significa que não deva sobrar nenhuma margem para comportamentos de interesse puramente pessoal. O que caracteriza o comportamento humano é justamente o fato de que pode mudar em razão das novas situações. Na medida em que o comportamento se torna um hábito, fruto do condicionamento social, perde esse caráter humano, torna-se automático.

Acusa-se a escola de matar a espontaneidade, de controlar rigidamente todas as manifestações de crianças e adolescentes. Na verdade, não é necessário que assim seja. A escola pode e deve criar oportunidades para a livre manifestação dos estudantes, momentos em que cada um faz o que deseja e quer. Tais momentos são importantes para que crianças e jovens possam conhecer-se melhor, possam colocar em prática suas preferências, possam desenvolver as próprias características.

Não há motivo para que todos os alunos de uma classe devam fazer a mesma coisa ao mesmo tempo durante todo o tempo. Pelo contrário, a formação da própria personalidade está na dependência das oportunidades de que a pessoa dispõe para agir de maneira espontânea, segundo seus desejos e preferências, sem o risco de punições externas. O único risco é o que resulta do próprio comportamento: se subir numa árvore poderá cair, se não estudar não aprenderá etc.

O indivíduo capaz de comportamentos espontâneos, que divergem dos padrões gerais, tende a ser incompreendido pelo grupo. Muitas vezes, dependendo do grau de divergência, pode ser isolado. Entretanto, é esse indivíduo que mais contribui para a mudança social, na medida em que cria diferentes alternativas de comportamento, diferentes visões das coisas e dos fatos.

Opondo-se aos padrões vigentes, tais alternativas podem levar à modificação social e à criação de novas normas. Vejamos um exemplo bastante simples: a escola exige tênis azuis; alguns alunos começam a usar tênis vermelhos; na medida em que cresce o número de alunos que não usam tênis azuis, a escola pode passar a admitir o uso de tênis de qualquer cor. Se uma norma só tem eficácia quando é cumprida, de nada adianta exigir tênis azuis se muitos não os usam. Então, pode-se concluir que é melhor exigir o uso de tênis, qualquer que seja a sua cor.

A LIBERDADE

A educação para a liberdade é outro fator importante que pode levar a escola a contribuir para a transformação social. O indivíduo educado para ser livre é aquele capaz de analisar criticamente uma situação e, a partir dessa análise, tomar a decisão que achar mais indicada: concluir que a situação é a mais adequada e, por isso, dedicar-se a mantê-la; mas poderá também julgar que é inadequada e lutar pela sua mudança.

Só é possível educar para a liberdade num clima de liberdade. Esta não é ensinada, qual matéria escolar teórica, é aprendida na prática diuturna. Não adianta o professor e a escola declararem-se a favor da liberdade e, ao mesmo tempo, reprimem toda e qualquer manifestação dos alunos.

Num clima de liberdade, o professor pode discordar do aluno, e vice-versa, mas cada um reconhece o direito de o outro expor o seu ponto de vista, mesmo diferente, e o respeitar. Quando há liberdade, desenvolve-se um ambiente de respeito mútuo, de valorização do outro. Compreende-se que, respeitado em seu direito de divergir, o indivíduo também se sinta no dever de respeitar os demais e sua liberdade.

Liberdade não significa cada um procurar apenas o seu próprio interesse. Mais do que isso, quer dizer o indivíduo contribuir para o interesse coletivo através dos meios que ele julga os mais indicados. Evidentemente, o indivíduo estará sempre avaliando esses meios e sua eficácia, disposto a modificá-los quando chegar à conclusão de que não servem mais.

A PARTICIPAÇÃO

À exclusão social contrapõe-se a participação. A escola também pode ser um fator importante na aprendizagem da participação. O que ocorrerá na medida em que o aluno for estimulado a se interessar pelo que acontece na escola, na sala de aula e fora dela: desde que o programa de estudos não for imposto de cima para baixo, mas se permita aos estudantes participar da escolha dos assuntos, dos métodos de trabalho etc.; a partir do momento em que a gestão escolar se dispuser a ouvir os alunos, a estimulá-los a discutir os eventuais problemas da escola e as maneiras de resolvê-los; na medida em que os alunos tiverem oportunidade de promover eventos culturais e esportivos sob sua inteira responsabilidade.

A própria escola poderá transformar-se, superar seus problemas, dispondo-se a possibilitar uma maior participação dos alunos. Estimulando a participação dos estudantes, a escola também estará contribuindo para a formação do cidadão consciente de suas responsabilidades, que é um dos objetivos da educação de acordo com a Constituição de 1988. Educado para a participação social, o cidadão não se submeterá facilmente às injustiças e desigualdades sociais vigentes na sociedade. Ao contrário, terá condições de se envolver de forma atuante na luta pela melhoria dessas condições.

Educado para a participação, o indivíduo exigirá participar, opinar a respeito das decisões que influem nos destinos da escola, da comunidade e do país, ser respeitado em seus direitos fundamentais, ter condições dignas de vida, liberdade de expressão e de manifestação. Não admitirá ser excluído da escola e da sociedade, mas será um importante batalhador pela transformação social.

TEXTO COMPLEMENTAR

Sobre a liberdade

O campo em que a liberdade sempre foi conhecida, não como um problema, é claro, mas como um fato da vida cotidiana, é o âmbito da política. E mesmo hoje em dia, quer o saibamos ou não, devemos ter sempre em mente, ao falarmos do problema da liberdade, o problema da política e o fato de o homem ser dotado com o dom da ação; pois ação e política, entre todas as capacidades e potencialidades da vida humana, são as únicas coisas que não poderíamos sequer conceber sem ao menos admitir a existência da liberdade, e é difícil tocar em um problema político particular sem, implícita ou explicitamente, tocar em um problema de liberdade humana. A liberdade, além disso, não é apenas um dos inúmeros problemas e fenômenos da esfera política propriamente dita, tais como a justiça, o poder ou a igualdade; a liberdade, que só raramente – em épocas de crise ou de revolução – se torna o alvo direto da ação política, é na verdade o motivo por que os homens convivem politicamente organizados. Sem ela, a vida política como tal seria destituída de significado. A *raison d'être* (razão de ser) da política é a liberdade, e seu domínio de experiência é a ação.

[...]

Não se trata tanto de que o homem possua a liberdade como de equacioná-lo, ou melhor, equacionar sua aparição no mundo, ao surgimento da liberdade no universo; o homem é livre porque ele é um começo e, assim, foi criado depois que o universo passara a existir [...]. No nascimento de cada homem esse começo inicial é reafirmado, pois em cada caso vem a um mundo já existente alguma coisa nova que continuará a existir depois da morte de cada indivíduo. Porque é um começo, o homem pode começar; ser humano e ser livre são uma única e mesma coisa. Deus criou o homem para introduzir no mundo a faculdade de começar: a liberdade.

(ARENDT, Hannah. *Entre o passado e o futuro*. 5. ed. São Paulo: Perspectiva, 2002, p. 191-2 e 216.)

QUESTÕES PROPOSTAS

1. Você concorda com a afirmação de que a mudança é inevitável? Por quê?

2. Dos fatores apontados como promotores da transformação social – descoberta, invenção, visão de conjunto, espontaneidade, liberdade e participação –, qual ou quais foram estimulados na escola ou nas escolas em que você estudou? Como se deu esse estímulo?

3. De um modo geral, como você classifica as suas vivências escolares no que diz respeito à educação transformadora?

4. A partir do texto de Hannah Arendt, escreva suas próprias ideias sobre liberdade.

INTERAÇÃO SOCIAL: PROCESSOS BÁSICOS

O ser humano só existe realmente enquanto membro participante de um grupo social, de uma sociedade. Você poderá replicar que outras espécies animais também se organizam socialmente: as formigas em seus formigueiros, as abelhas em suas colmeias, as andorinhas que todos os anos voam organizadamente milhares de quilômetros da América do Norte ao interior de São Paulo para passar o verão, e numerosas outras espécies animais têm uma organização social bastante complexa.

Entretanto, existe uma diferença fundamental entre a organização social humana e a das outras espécies animais. Enquanto a destas é predeterminada geneticamente – formigas, abelhas e andorinhas manifestam sempre o mesmo comportamento social, geração após geração –, o ser humano cria e pode modificar sua organização social. Ele pode, até certo ponto, escolher os grupos de que pretende participar. Ademais, na espécie humana não há apenas uma única forma de organização social, igual para todos. Além das organizações tribais, que ainda subsistem em algumas regiões, desenvolveram-se historicamente outros tipos, como o feudalismo, o capitalismo, o socialismo etc.

Após estudar a interação social na sala de aula, na escola e desta com a comunidade, abordaremos agora seus processos mais gerais. Começamos com algumas considerações sobre o isolamento social para tratar, em seguida, dos processos e dos motivos sociais.

O ISOLAMENTO E SUAS MANIFESTAÇÕES

Na verdade, é praticamente impossível uma criança sobreviver em completo e permanente isolamento. Morreria de fome. No caso de ter apenas suas necessidades fisiológicas atendidas, poderia sobreviver, mas, certamente, enfrentaria enormes problemas de adaptação quando voltasse ao convívio social.

Há casos de adultos que conseguiram sobreviver em completo isolamento, mas são exceções, como o de um soldado japonês que permaneceu por mais de trinta anos sozinho na selva sem saber que a Segunda Guerra Mundial havia acabado. Mas seu processo de readaptação à convivência com outros foi muito difícil.

Normalmente, é mais frequente a segregação de grupos, mas, assim mesmo, temporária, em virtude de fatores geofísicos: distância, falta de vias de comunicação, barreiras naturais como rios, mares, serras, pântanos etc.

Isolamento físico

O isolamento físico verifica-se com mais frequência em relação a pessoas consideradas indesejáveis pela sociedade, como criminosos e alienados mentais, confinados em prisões e clínicas psiquiátricas. Trata-se de uma segregação que produz efeitos marcantes sobre os indivíduos isolados, tendendo a aumentar ao invés de diminuir seus problemas de adaptação social. Tais efeitos tornam-se ainda piores em relação àqueles que são mantidos em solitárias ou celas individuais, impedindo qualquer comunicação com o mundo exterior. Não existiriam formas de recuperação social, menos traumáticas e mais humanas?

Isolamento cultural

O isolamento cultural pode existir tanto em relação a grupos que vivem completamente isolados, sem comunicação com outros grupos e outras culturas, quanto em relação a indivíduos que deixam sua comunidade para viver em outra com hábitos e costumes diferentes. Nesse caso, verifica-se um período inicial de isolamento e adaptação, com não poucas dificuldades: problemas de comunicação, principalmente em casos de línguas diferentes, de convivência humana, de trabalho etc.

Imagine o que aconteceu, por exemplo, com os povos originários em seus primeiros contatos com os brancos, que chegaram impondo seus costumes e valores; com os negros trazidos da África como escravos; com os imigrantes europeus que para cá vieram; com os milhões de refugiados obrigados a deixar sua terra por conta de guerras, perseguições políticas, religiosas etc. Milhões de índios morreram tentando preservar suas terras e sua cultura; apesar de barbaramente reprimidos, os afrodescendentes, em grande parte, ainda conservam costumes e tradições africanos; por muitos anos descendes de imigrantes continuaram falando a língua do país de origem; e os refugiados tentam equilibrar-se entre o cultivo de sua cultura originária e a necessidade de adaptação à nova realidade, condição de sua sobrevivência.

Vejamos um exemplo mais próximo: o que acontece quando um aluno se transfere de classe ou de escola? De início, não conhecendo ninguém da nova escola, pode manter-se retraído, isolado. Aos poucos vai fazendo amizades, integrando-se no novo grupo, conhecendo suas maneiras sentir, pensar e agir.

Isolamento psíquico

O isolamento psíquico é muito mais frequente do que podemos imaginar. Para Durkheim, seria ele a principal causa de suicídio. O indivíduo pode estar física e culturalmente integrado ao grupo, mas sente-se só, não tem ninguém em quem confiar ou não confia em ninguém, não se sente em condições de contar a quem quer que seja seus problemas, suas dúvidas, suas alegrias e tristezas. Não tem amigos. A vida torna-se insuportável. E, muitas vezes, o suicídio passa a ser visto como a única saída.

PROCESSOS DE INTERAÇÃO SOCIAL

Observando a ação dos seres humanos, verificamos que podem agir ou individualmente (dormir, tomar banho, ler, escrever etc.) – e então não temos propriamente uma ação coletiva; ou interagem com outros indivíduos – neste caso, podemos observar três formas de interação:

- entre um indivíduo e outro: numa conversa, num jogo de pingue-pongue ou de xadrez, num ato de carinho entre mãe e filho, ente namorados etc.;
- entre um indivíduo e um grupo: na sala de aula, quando o professor fala a todos os alunos; num show de um só artista etc.
- entre dois grupos: num jogo de futebol ou outro que envolva duas equipes, num debate entre dois grupos da sala de aula; numa disputa eleitoral entre dois partidos políticos etc.

Tal interação entre indivíduos e grupos constitui um processo social. Os processos sociais são numerosos. Enquanto uns podem ajudar a manter a união e a integração, outros contribuem para a separação entre indivíduos e grupos. Destacam-se a seguir a cooperação, a competição, o conflito, a acomodação e a assimilação.

COOPERAÇÃO

Palavra originária do latim, *cooperação* quer dizer trabalho em conjunto. Pode existir tanto em pequenos grupos, como o menor de todos que é a díade (grupo de duas pessoas), quanto em grandes organizações mundiais, como a Organização das Nações Unidas (ONU).

A cooperação pode ser deliberada ou não. Os membros de uma tribo indígena pescam e caçam em conjunto não porque tenham assim "deliberado", mas porque sempre foi feito dessa forma e é assim que conseguem sobreviver. Já na ONU, procura-se deliberadamente promover a cooperação internacional. Pelo menos, este é o seu objetivo oficial e esta deveria ser a sua prática.

Embora deva levar em consideração os desejos dos outros, supondo-se que seja desinteressada, muitas vezes pessoas e grupos podem cooperar porque veem nesse processo a melhor maneira de atender aos seus próprios interesses.

Como já vimos, a cooperação é um processo fundamental na educação e, na sala de aula, o trabalho cooperativo pode contribuir para que os alunos, além de aprender a conviver com os outros, possam mais eficazmente aprender as matérias escolares.

Competição

A competição consiste em tentar superar os outros. Na sala de aula, quando as primeiras classificações são muito valorizadas, ou quando o professor dá muita importância à nota, gera-se um clima de competição em que alguns tendem a superar, a vencer os outros, usando para tanto até meios nem sempre lícitos.

Há organizações sociais que estimulam mais a competição, valorizando muito o sucesso individual, a superação do outro, enquanto em outras a competição e a superioridade individual são desestimuladas.

Entre os efeitos da competição, podemos destacar:

- os competidores tendem a desenvolver atitudes inamistosas entre si;
- a competição pode se transformar em desestímulo para os que perdem;
- quanto mais complexa a tarefa, menos útil a competição;
- a competição tende a transformar-se em conflito.

Claro que, em certas atividades, destacando-se as esportivas, a competição não só pode ser positiva, como, sem ela, a atividade nem poderia se desenvolver.

Conflito

Enquanto na competição procura-se superar os competidores, no conflito busca-se obter recompensas pelo enfraquecimento ou até a eliminação dos rivais. Em sua forma mais suave, o conflito acarreta apenas perdas materiais ou sociais ao oponente, como a demissão no emprego, exclusão da escola, expulsão do país, perda dos direitos políticos etc. Em sua forma mais violenta, pode custar a vida de indivíduos e grupos: o assassinato, o extermínio de tribos indígenas, o grande número de mortes causadas pela guerra são apenas alguns entre muitos exemplos. Uma vez iniciado, o conflito tende a tornar-se sempre mais intenso.

Na sala de aula, a competição pode gerar conflitos, quando um grupo de alunos começa a falar mal de um ou alguns colegas, pratica o *bullying*, ou se reúne para bater em alguém da turma, ou para criar um clima de revolta contra algum professor ou o diretor, espalhando boatos sobre eles, esvaziando ou furando os pneus do carro etc. Em muitas cidades são comuns os conflitos violentos entre gangues de jovens, torcedores de diferentes times, organizações criminosas, muitas vezes descambando até para assassinatos.

Acomodação

Trata-se de um dos processos mais adotados quando se pretende superar o conflito. A acomodação consiste num ajustamento, num acordo temporário entre indivíduos e grupos com vistas à superação do confronto. Na verdade, durante esse processo, o conflito pode continuar latente, podendo voltar a manifestar-se a qualquer momento.

Uma das formas de acomodação é a tolerância, quando cada parte respeita o direito da outra de discordar e ambas se propõem a viver sem atrito. É o que acontece em sociedades em que várias religiões convivem, embora os praticantes de cada uma possam considerar a sua como a única verdadeira.

Outro exemplo de acomodação ocorre quando o conflito termina pela vitória de um indivíduo ou grupo sobre o outro, como quando um país derrotado é obrigado a aceitar um acordo de paz.

Assimilação

A assimilação consiste num conjunto de mudanças psíquicas e culturais que resultam tanto da transferência de um indivíduo de um grupo para outro diferente, quanto do encontro e convivência de grupos diversos. Por meio desse processo de mútua difusão cultural, grupos e indivíduos passam a compartilhar uma cultura comum.

Os exemplos são numerosos: ao conviver com os colonizados, os colonizadores passam a assimilar muitos dos seus costumes; convivendo, brancos e negros podem superar o preconceito e intercambiar costumes, crenças e valores; os emigrantes assimilam características culturais do novo país etc.

Dessa forma, a assimilação também leva à redução dos conflitos entre grupos diversos, que, ao se misturarem, um vai assimilando a cultura do outro até se tornarem um único grupo.

MOTIVOS DA INTERAÇÃO

Que motivos levam as pessoas a viver em grupos, a participar de organizações? Quais são os principais motivos sociais?

As pessoas diferem umas das outras. Da mesma forma, os motivos que as levam a procurar grupos e organizações também podem ser diferentes. Alguns podem ser mais motivados pela necessidade de realização, de fazer coisas, de atuar, de sentir-se socialmente úteis; outros podem estar mais motivados pela necessidade de conviver, de participar, de sentir-se membros de algum grupo etc., ou seja, pela necessidade de afiliação; outros, ainda, podem ter a pretensão de influenciar pessoas, de sobrepor-se, isto é, necessitam de poder.

Geralmente, os três motivos estão combinados nas pessoas e sua interação varia de tal forma que, dependendo da situação, um ou outro se torne mais forte. O que é mais forte em relação a uma circunstância pode ser mais fraco em relação a outra. Por exemplo, na participação em um time de futebol pode ser mais forte o motivo de afiliação; o motivo de realização pode ser mais forte no indivíduo que se torna voluntário de uma organização beneficente; e é possível que o motivo de poder esteja por trás da participação em um partido político ou do esforço para se tornar chefe de um setor ou diretor de uma empresa.

Motivo de realização

Em geral, as pessoas que agem motivadas pela necessidade de realização se mostram confiantes em si mesmas, assumem responsabilidades e gostam de apreciar os resultados do que fazem; escolhem técnicos ao invés de amigos para participar do seu grupo de trabalho; tendem a resistir a pressões e incentivos externos.

O tipo de educação familiar pode contribuir para o desenvolvimento do motivo de realização: a atuação independente é estimulada, possibilitando, mais cedo, escolher amigos, sair sozinho, participar de competições etc. Além disso, quem costuma agir impulsionado pelo motivo de realização, de modo geral, tem suas realizações valorizadas pela família, levando-o a desenvolver confiança em si mesmo e a procurar fazer sempre o melhor: obter a melhor nota, correr mais, inventar coisas novas, atingir o ponto mais alto da carreira etc.

Motivo de afiliação

O motivo de afiliação funda-se no desejo de estar junto com outras pessoas e com elas se relacionar de forma afetuosa e amiga. Mais do que com tarefas e produção, a preocupação é com a pessoa humana, com a busca por restabelecer relações amistosas rompidas, consolar e ajudar os outros, participar de encontros e festas.

As pessoas motivadas pela necessidade de afiliação prestam atenção aos sentimentos dos outros, procurando estabelecer um clima de amizade; não toleram sentir-se isoladas, rejeitadas, malquistas; preferem estar junto com outras pessoas do que sozinhas; procuram empregos em que possam estabelecer intercâmbios amistosos; preocupam-se mais com os interpessoais do trabalho do que com tarefas; geralmente, procuram a aprovação dos outros e exercem melhor suas funções quando trabalham com outras pessoas num clima de cooperação.

O desenvolvimento do motivo de afiliação parece resultar de uma educação familiar paternalista, que valoriza a dependência e os laços familiares. Mas, também, decorrer da falta de significativos laços afetivos na infância, de modo especial em relação à mãe, o que levaria o indivíduo a procurar compensar tal carência nos demais estágios da sua vida.

MOTIVO DE PODER

Em qualquer organização formal, sempre há alguém que, em determinados momentos, toma iniciativas, decisões – o líder. Para serem efetivas, tais decisões precisam estar em consonância com as pessoas que fazem parte da organização. O líder é alguém que sabe ouvir e interpretar as necessidades e anseios dos liderados e orientar sua realização.

Edela L. P. de Souza (1975: 86-7) resume as conclusões das pesquisas realizadas por David McClelland e outros sobre o motivo de poder nos seguintes termos:

> A necessidade de poder se caracteriza pelo desejo de exercer influência e impacto sobre os outros. Revelou-se também que o poder tem duas faces: uma negativa e uma positiva. A face negativa ou pessoal se caracteriza pela equação "domínio-submissão". A fórmula é a seguinte: se eu ganho, tu perdes; se tu ganhas, eu perco. A vida em sociedade é um jogo competitivo: impera a lei da selva; os mais fortes sobrevivem à custa dos adversários vencidos. A face positiva ou socializada do poder se caracteriza pela preocupação em clarificar os objetivos do grupo, em prover os meios para alcançar esses objetivos e em fazer com que o grupo se sinta forte e competente para realizar o que deseja.

TEXTO COMPLEMENTAR

O que é um fato social?

A questão é tanto mais necessária quanto as pessoas se servem desta qualificação sem grande precisão. Empregam-na correntemente para designar, pouco mais ou menos, todos os fenômenos que ocorrem na sociedade, mesmo que apresentem, apesar de certas generalidades, pouco interesse social. Mas, partindo dessa acepção, não há, por assim dizer, acontecimentos humanos que não possam ser apelidados de sociais. Cada indivíduo bebe, dorme, raciocina, e a sociedade tem todo o interesse em que estas funções se exerçam regularmente. Assim, se estes fatos fossem sociais, a Sociologia não teria um objeto que lhe fosse próprio e o seu domínio confundir-se-ia com os da Biologia e da Psicologia.

Mas, na verdade, há em todas as sociedades um grupo determinado de fenômenos que se distinguem por características distintas dos estudados por outras ciências da natureza.

Quando desempenho a minha obrigação de irmão, esposo ou cidadão, quando satisfaço compromissos que contraí, cumpro deveres que estão definidos, para além de mim e dos meus atos, no direito e nos costumes. Mesmo quando eles estão de acordo com os meus próprios sentimentos e lhes sinto interiormente a realidade, esta não deixa de ser objetiva, pois não foram estabelecidos por mim, mas sim recebidos através da educação. Quantas vezes acontece ignorarmos os pormenores das obrigações que nos incumbem e, para os conhecer, temos de recorrer ao Código e aos seus intérpretes autorizados! Do mesmo modo, os fiéis, quando nascem, encontram já feitas as crenças e práticas da sua vida religiosa; se elas existem antes deles é porque existiam fora deles. O sistema de sinais de que me sirvo para exprimir o pensamento, o sistema monetário que emprego para pagar as dívidas, os instrumentos de crédito que utilizo nas minhas relações comerciais, as práticas seguidas na minha profissão, etc., etc., funcionam independentemente do uso que deles faço. Tomando um após outro todos os membros de que a sociedade se compõe, pode repetir-se tudo o que foi dito, a propósito de cada um deles. Estamos pois em presença de modos de agir, de pensar e de sentir que apresentam a notável propriedade de existir fora das consciências individuais.

Não somente estes tipos de conduta ou de pensamento são dotados dum poder imperativo e coercivo em virtude do qual se lhe impõem, quer ele queira quer não. Sem dúvida, quando me conformo de boa vontade, esta coerção não se faz sentir ou faz-se sentir muito pouco, uma vez que é inútil. Mas não é por esse motivo uma característica menos intrínseca de tais fatos, e a prova é que ela se afirma desde o momento em que eu tente resistir. Se eu tento violar as regras do direito, elas reagem contra mim de modo a impedir o meu ato, se ainda for possível, ou a anulá-lo e a restabelecê-lo sob a sua forma normal, caso já tenha sido executado e seja reparável, ou a fazer-me expiá-lo, se não houver outra forma de reparação. Tratar-se-á de máximas puramente morais? A consciência pública reprime todos os atos que as ofendam, através da vigilância que exerce sobre a conduta dos cidadãos e das penas especiais de que dispõe. Noutros casos, a coação é menos violenta, mas não deixa de existir. Se não me submeto às convenções do mundo, se, ao vestir-me, não levo em conta os usos seguidos no meu país e na minha classe, o riso que provoco e o afastamento a que me submeto produzem, ainda que de uma maneira mais atenuada, os mesmos efeitos de uma pena propriamente dita. Não sou obrigado a falar francês com os meus compatriotas, nem a usar moedas legais, mas é impossível fazê-lo de outro modo. Se tentasse escapar a essa necessidade, a minha tentativa falharia miseravelmente. Se for industrial, nada me proíbe de trabalhar com processos e métodos do século passado, mas, se o fizer, arruíno-me pela certa. Mesmo quando posso liberar-me dessas regras e violá-las com sucesso, nunca é sem ser obrigado a lutar contra elas. Mesmo quando são finalmente vencidas, ainda fazem sentir suficientemente a sua força constrangedora, pela resistência que opõem. Não há inovador, mesmo bem-sucedido, cujos empreendimentos não acabem por chocar com oposições deste tipo.

Aqui está, portanto, um tipo de fatos que apresentam características muito especiais: consistem em maneiras de agir, pensar e sentir exteriores ao indivíduo, e dotadas de um poder coercivo em virtude do qual se lhe impõem. Por conseguinte, não poderiam ser confundidos com os fenômenos orgânicos, visto consistirem em representações e ações; nem com os fenômenos psíquicos, por estes só existirem na consciência dos indivíduos, e devido a ela. Constituem, pois, uma espécie nova de fatos, aos quais deve atribuir-se e reservar-se a qualificação de sociais. Tal qualificação convém-lhes, pois, não tendo o indivíduo por substrato, não dispõem de outro para além da sociedade, quer se trate da sociedade política na sua íntegra ou de um dos grupos parciais que engloba: ordens religiosas, escolas políticas, literárias, corporações profissionais, etc. Por outro lado, a designação convém unicamente a estes fatos, visto a palavra "social" só tem um sentido definido na condição de designar apenas os fenômenos que não se enquadrem em nenhuma das categorias de fatos já constituídas e classificadas. Eles são, portanto, domínio próprio da Sociologia. É certo que este conceito de coação, pelo qual definimos os fatos sociais, corre o risco de enfurecer os zelosos partidários de um individualismo absoluto. Como eles professam a crença de que o indivíduo é perfeitamente autônomo, parece-lhes estarem a diminuí-lo ao fazê-lo sentir que não depende unicamente de si próprio. Ora, uma vez que hoje é incontestável que as nossas ideias e tendências não são, na sua maior parte, elaboradas por nós, mas nos chegam do exterior, só poderão infiltrar-se se se impuserem; isto é tudo quanto a nossa definição pretende significar. Sabe-se, aliás, que a coação social não exclui necessariamente a personalidade individual.

(DURKHEIM, Émile. *As regras do método sociológico*. São Paulo: Abril, 1973, p. 389-90. (Col. Os Pensadores).)

QUESTÕES PROPOSTAS

1. O que caracteriza as sociedades humanas, distinguindo-as das de outras espécies?

2. Defina os principais processos de interação social.

3. Se for o caso, qual o motivo que mais te impulsiona a interagir socialmente? Explique.

4. Segundo Durkheim, o que distingue um fato social de um fato pessoal, particular?

Grupos e classes sociais

A sociedade compõe-se de grupos sociais mais ou menos amplos, cada um dos quais regidos por um conjunto de regras e procedimentos próprios – as instituições – e formados por indivíduos vinculados a uma das classes da estratificação social.

INÚMEROS GRUPOS FORMAM A SOCIEDADE

Pertencer a grupos é ao mesmo tempo tão decisivo e tão comum que, geralmente, os indivíduos não se dão conta desse fato. Só quando segregados é que tendem a perceber a importância fundamental do grupo para a vida humana. A destruição dos vínculos de grupo muitas vezes leva a pessoa à morte.

Os meus grupos

Uma primeira classificação dos grupos sociais é aquela que os separa em duas categorias: aqueles aos quais eu pertenço e os externos, dos quais não faço parte. Entre os primeiros estão minha família, minha classe de escola, minha turma de trabalho, os indivíduos do meu sexo, da minha igreja, da minha comunidade, do meu país etc. São todos os grupos dos quais se pode afirmar que são meus. Os grupos externos são outras famílias, outras classes, pessoas de outras ocupações, outras nacionalidades etc. Enquanto de outra classe um aluno não é do meu grupo, mas enquanto colega de escola é. Portanto, um indivíduo pode fazer parte de um dos meus grupos e não de outros.

As relações que tenho com cada uma das categorias grupais são bastante diferentes. Dos grupos aos quais pertenço, espero reconhecimento, lealdade, aceitação, auxílio. As minhas expectativas em relação aos grupos externos variam, podendo ser tanto de cooperação quanto de competição ou indiferença.

Grupos primários e secundários

A principal distinção entre grupos primários e secundários resulta do tipo de relacionamento humano que neles se verifica. Nos grupos primários, os relacionamentos são mais próximos, pessoais e totais e tendem a ser informais e descontraídos. Constituem grupos primários, de modo especial, a família e o círculo de amigos íntimos, com os quais partilhamos nossas experiências, nossas alegrias e tristezas, nossas dúvidas e esperanças.

Mesmo considerando extremamente difícil o conhecimento de outras pessoas, é nos grupos primários que ele pode tornar-se mais profundo, envolvendo a própria personalidade e não apenas a aparência externa.

Já nos grupos secundários, os relacionamentos são mais impessoais, formais, parciais e utilitários. Os contatos humanos que se estabelecem numa empresa, num clube, na escola, entre os moradores de um condomínio etc., de modo geral, são formais, mais ligados ao que existe de comum entre os indivíduos do grupo do que às pessoas enquanto tais, em sua totalidade. O que mais interessa é a função que o indivíduo desempenha, sua ocupação, seu trabalho, seus deveres e direitos, e não seus problemas pessoais, suas experiências vitais, sua personalidade.

Enquanto o grupo primário se caracteriza pelo relacionamento humano, o secundário se distingue pela tarefa realizada em comum. Porém, no interior de grupos secundários, geralmente maiores, podem formar-se grupos primários. Tanto na empresa quanto na escola ou no

condomínio, o indivíduo pode formar com outros um grupo de amigos, com os quais passa a relacionar-se de forma mais íntima e pessoal.

Os grupos primários formados no interior dos secundários também podem contribuir para que os objetivos destes sejam atingidos com mais eficiência e eficácia. Numa escola, por exemplo, os objetivos educacionais podem ser mais facilmente alcançados se as atividades forem organizadas com base nos grupos primários existentes. Por outro lado, não se pode esquecer que podem existir alunos com dificuldades de relacionamento, e que também cabe à escola procurar superar tal situação, estimulando-os a integrar-se a atividades grupais, ao mesmo tempo que incentiva a aceitação deles pelos colegas.

Já a partir do nascimento, o ser humano é coagido a submeter-se a um conjunto de regras e procedimentos que lhe são impostos pela sociedade, e que chegam a ele por meio dos grupos dos quais faz parte. Inicialmente, é a família, natural ou adotiva, que representa a sociedade junto ao novo ser e que procura educá-lo segundo as normas vigentes, estabelecidas pelo governo do país no qual vive, pela religião à qual pertence, pelos costumes e tradições da comunidade etc.

Na sociedade, temos então os grupos formados por indivíduos que têm objetivos comuns, que interagem de forma mais ou menos permanente. E temos também as instituições sociais, formuladoras das regras e procedimentos adotados por esses grupos. Desse modo, família, escola, religião e Estado são, ao mesmo tempo, grupos sociais – formados por indivíduos – e instituições sociais, enquanto um conjunto de regras e procedimentos que regem a vida desses grupos.

A ESTRATIFICAÇÃO SOCIAL E SUAS FORMAS

Por estratificação social entende-se o processo segundo o qual indivíduos e grupos são situados de forma hierárquica, em camadas sobrepostas, podendo apresentar-se de três formas básicas: por casta, por estamento e por classe.

Estratificação por casta. A casta é uma camada social hereditária – que passa de pai para filho – e endógena, isto é, seus membros só podem casar-se com pessoas da mesma casta. Não existe mobilidade social vertical, ou seja, o membro de uma casta não pode passar para outra. Rituais e padrões de comportamento próprios devem ser cumpridos pelos seus membros, sob pena de severas sanções. A Índia antiga é um exemplo desse tipo de estratificação.

Estratificação por estamento. Predominou na sociedade feudal da Idade Média, quando havia três estamentos: a nobreza, o clero e os servos. É uma forma de estratificação mais aberta que a casta, permitindo uma certa, embora reduzida, mobilidade social. Assim, por exemplo, teoricamente o filho de um servo da gleba poderia tornar-se padre e bispo e passar a fazer parte do clero. Na prática, eram os nobres que também ocupavam as posições de destaque na Igreja, como bispos e papas. Membros de um estamento também podiam ter contato físico com os de outro, o que é proibido numa sociedade de castas.

Estratificação por classe. Determinada economicamente, pela quantidade de riqueza que o indivíduo possui, a classe é considerada a forma de estratificação mais aberta. Teoricamente permite maior mobilidade entre uma camada e outra: quem nasce pobre e fica rico, muda de classe. Na prática, a coisa não é tão simples.

Maria Isaura P. de Queiroz (1978: 92-4) discorre sobre as características do sistema de classes, que podem ser assim resumidas:

- O lugar dos indivíduos na hierarquia social é determinado por sua situação econômica: renda, propriedade, prestígio profissional etc.
- Os indivíduos com a mesma posição na escala social recebem as mesmas informações, consomem os mesmos produtos etc.
- A ascensão de uma classe inferior a uma superior não é aberta nem fácil. Os que estão numa posição elevada resistem à ascensão dos que estão em posições inferiores.
- As camadas superiores, minoritárias, apoderam-se das profissões de maior prestígio e são formadas pelos indivíduos mais ricos.
- As camadas superiores exercem a autoridade e controlam as camadas inferiores.

- Existem pontos de tensão entre os estratos sociais. Essa tensão pode manter-se em nível inconsciente, aparentando uma harmonia social, mas pode haver uma tomada de consciência e um despertar para a luta de classes.

A luta de classes manifesta a ambiguidade das classes médias: seus interesses não coincidem com os das classes superiores, mas é com estas que querem identificar-se.

MARX E AS CLASSES SOCIAIS

Broom e Selznick (1979: 212-4) resumem a teoria de Karl Marx (1818-1883) sobre as classes sociais em seis pontos:

Origem das classes sociais. As classes originam-se do modo como o trabalho está organizado, isto é, das relações de produção. Alguns são proprietários dos meios de produção (terras, fábricas, máquinas, dinheiro) e outros são trabalhadores assalariados. O exame da estrutura social de produção permite identificar quem depende de quem, quem domina e quem é dominado, quem tem recursos e quem não tem etc.

Polarização. São duas as principais classes sociais: os proprietários dos meios de produção e aqueles que trabalham para ganhar um salário. Embora o sistema seja mais complexo, com outros níveis sociais, Marx previu uma crescente polarização entre as duas classes básicas: de um lado estariam os capitalistas ou a burguesia e, de outro, o proletariado, composto por trabalhadores que nada possuem além da sua força de trabalho.

Classe objetiva e classe subjetiva. Os indivíduos fazem parte de determinada classe em consequência da organização da produção. São as condições objetivas que definem a posição de classe de cada indivíduo e os seus interesses de classe. Assim, se ele for um assalariado, seus interesses estão em conflito com os do patrão, quaisquer que sejam seus desejos e sentimentos subjetivos. Não adianta o operário pensar que é de classe média, pois isso não modifica sua posição objetiva de membro do proletariado.

Domínio de classe e luta de classes. A classe econômica dominante controla e domina toda a sociedade, inclusive o governo. Por isso, considera-se que os governos modernos dos países capitalistas são burgueses, porque servem aos interesses dos capitalistas e não ao proletariado. A política está subordinada à economia, e os conflitos sociais importantes ocorrem entre a classe dominante e a classe dominada.

Classes progressistas e reacionárias. A História se renova continuamente através da luta de classes. As novas classes desafiam as velhas, modificam as relações de produção e assumem o poder. Assim, a burguesia foi progressista ao se opor ao feudalismo, organizar novas formas de produção industrial em grandes fábricas e apoderar-se do poder político, assumindo o governo que estava nas mãos da nobreza. Mas, ao modificar as relações de produção e ao tomar o poder político, a burguesia criou as condições para o surgimento de uma nova classe, o proletariado. Com isso, a burguesia tornou-se reacionária, contrária à mudança, pois, da mesma forma que os senhores feudais, tenta impedir o avanço da História, mantendo a situação que lhe é favorável e lutando contra a tomada do poder pelo proletariado. Por isso, o governo burguês (capitalista) tenta controlar os trabalhadores e suas organizações: sindicatos são regulamentados pelo governo, greves são reprimidas, salários são arrochados etc. e a participação política do proletariado é dificultada para impedir que tome o poder e modifique as relações de produção.

O fim do sistema de classes. Como o proletariado engloba a maior parte da sociedade, seus interesses são os da maioria. Com a vitória do proletariado sobre a burguesia, será instalada uma nova organização social, a sociedade sem classes. Não haverá mais classes, pois os meios de produção serão de todos, não de alguns, e a economia será planejada de acordo com as necessidades de todos. A luta de classes é o instrumento pelo qual a História avança e fará com que o capitalismo seja superado pelo socialismo.

TEXTO COMPLEMENTAR

1% da pirâmide do Brasil concentra metade da riqueza

Quase metade da riqueza total do Brasil, ou 49,6%, foi parar nas mãos do 1% mais rico no ano passado, mesmo durante a pandemia do novo coronavírus. Há 20 anos, o topo da pirâmide detinha 44,2%.

Os dados fazem parte do relatório de Riqueza Global, que é publicado uma vez por ano pelo banco Credit Suisse. Na comparação entre dez países, apenas o topo da pirâmide da Rússia conseguiu concentrar mais riqueza do que a elite do Brasil.

[...] Segundo o relatório, durante a segunda e terceira ondas da pandemia, no fim de 2020 e início deste ano, o Brasil se destacou em número de casos, em comparação com a região e o resto do mundo.

O documento também aponta que o Brasil entrou na pandemia com uma dívida pública que corresponde a 87,7% do PIB (Produto Interno Bruto) em 2019 e viu um aumento para 98,9% no ano seguinte. [...]

O relatório recorda que a desigualdade de riqueza é alta na América Latina, especialmente no Brasil, que possui um dos maiores níveis de desigualdade do mundo.

[...]

Neste cenário, a maior parte dos brasileiros se diz favorável a aumentar a tributação para financiar políticas sociais, segundo uma pesquisa recente do Datafolha para a Oxfam Brasil, dado o crescimento da pobreza e da desigualdade, como reflexo da pandemia.

Em quatro anos, o apoio ao aumento de impostos neste caso mais que dobrou, de 24% para 56%. Além disso, nove em cada dez defendem que a redução da desigualdade deve ser prioridade do governo.

Os dados do Credit Suisse também mostram que o número de milionários no Brasil deve aumentar 74,4% até 2025, subindo de 207 mil, em 2020, para 361 mil em cinco anos. [...]

Os autores do documento também estimam que cerca da metade dos adultos mais pobres possuíam, em conjunto, 1% da riqueza mundial no fim do ano passado. Por outro lado, os 10% mais ricos concentram 82% da riqueza global, e o topo da pirâmide (1%) tem quase metade (45%) de todos os bens.

Segundo o banco, os mais ricos foram relativamente pouco impactados pela queda da atividade econômica e levaram vantagem na queda dos juros. No topo da lista, aparecem os Estados Unidos, onde os milionários devem aumentar 28%, passando de quase 22 milhões para 28,5 milhões. Em seguida aparece a China, onde a alta prevista deve ser ainda mais impressionante, de 92,7%, Japão (aumento de 47,8%), França (mais 70,1%) e Canadá (77,2%).

No total, o número de milionários no mundo, atualmente em 56,1 milhões, deve aumentar em quase 28 milhões até 2015, para 84 milhões. [...]

(GAVRAS, Douglas. Desigualdade cresce e 1% no topo da pirâmide do Brasil concentra metade da riqueza. *Folha de S. Paulo*, 25 jun. 2021. Disponível em: <https://www1.folha.uol.com.br/mercado/2021/06/desigualdade-cresce-e-1-no-topo-da-piramide-do-brasil-concentra-metade-da-riqueza.shtml>. Acesso em: 18 jul. 2021.)

QUESTÕES PROPOSTAS

1. O que distingue os grupos primários dos secundários?
2. Defina a estratificação social por casta, estamento e classe.
3. Como Marx caracteriza as classes sociais?
4. Como explicar o fato de o Brasil ser um dos países mais desiguais do mundo, com 1% dos brasileiros abocanhando metade da riqueza nacional?

Cultura e organização social

Todas as pessoas têm cultura. Melhor dizendo, todas as pessoas vivem de acordo com uma determinada cultura, ou seja, agem, pensam e sentem de uma maneira particular. Maneira de viver que pode apresentar aspectos comuns e aspectos diferentes em relação à cultura de outros povos. Portanto, a forma de organização social de um povo também faz parte da sua cultura.

O QUE É CULTURA?

Ao longo da vida, as pessoas adquirem conhecimentos (língua materna, profissão, ciência, arte), crenças (religião, alma, vida após a morte), hábitos (modos de vestir, se alimentar), normas de comportamento (o que se deve e o que não se deve fazer); e todos utilizam diversos instrumentos (caneta, computador, máquinas, ferramentas) para realizar suas atividades. Tais conhecimentos, crenças, hábitos, normas e instrumentos fazem parte da cultura.

Pode-se, então, dizer que a cultura é a herança, o patrimônio, que determinada sociedade transmite às novas gerações através da convivência social e da educação sistemática.

A cultura pode ser material e não material. A material abrange os objetos manufaturados, os artefatos: ferramentas, prédios, móveis, meios de transporte, estradas, pontes, o telefone, o computador etc.

Ou seja, abrange todo e qualquer objeto resultante da transformação da natureza pelo trabalho humano.

Já a cultura não material compreende a linguagem, as ideias, as crenças, os costumes, os hábitos. Num jogo de futebol, por exemplo, a bola, as traves, o campo, os uniformes fazem parte da cultura material; as regras do jogo, a técnica e o comportamento dos jogadores, os gritos da torcida constituem a não material.

A cultura material e a não material estão interligadas, são interdependentes. É a segunda que atribui significados aos objetos da primeira. Suponhamos que o jogo de futebol deixe de existir. Os objetos deixarão de ter o significado que tinham antes: as traves poderão reduzir-se a simples pedaços de madeira, o gramado poderá virar pasto para o gado.

Cultura como sistema de normas

É a cultura do grupo a que pertence que indica ao indivíduo como deve comportar-se, que estabelece os padrões de comportamento, as normas, que são as expectativas ou as determinações de como ele deve agir dentro do grupo. Uma norma social ou cultural geralmente resulta da própria história do povo ou do grupo que a adota. Portanto, o que é norma numa sociedade pode não ser em outra.

A norma só cabe em comportamentos possíveis e não necessários. Ou seja, não adianta estabelecer uma norma prescrevendo o impossível, como, por exemplo, "você deve voar"; também se torna inútil a norma referente a comportamentos necessários, naturais: "você deve comer", "você deve andar" etc. É natural e necessário que todos se alimentem, andem, sem que haja normas para isso; mas estas podem estabelecer o modo conveniente de andar, maneiras corretas de comer, tipos de alimentos etc.

As normas podem ser mais ou menos coercitivas, mais ou menos obrigatórias. Estabelece-se dessa forma uma gradação na coerção relativa a hábitos e tradições populares, instituições e leis.

Hábitos e tradições. As novas gerações absorvem muitos costumes e hábitos das anteriores. Mas a sua não observância pode não implicar sanções sociais mais sérias. Se alguém comer com os dedos ao invés de usar talheres, ou vestir uma roupa considerada inadequada, tais comportamentos podem não gerar consequências mais sérias, punições severas etc., dependendo evidentemente do grupo social em que ocorrem, se é mais ou menos rígido em relação a esses costumes.

Instituições. Constituem conjuntos organizados de normas, regras e procedimentos que obrigam mais do que simples hábitos e costumes, sendo que o seu não cumprimento pode acarretar consequências bem mais sérias. De acordo com Horton e Hunt (1980: 43), "uma instituição é um sistema organizado de relacionamentos sociais que incorporam certos valores e procedimentos comuns e atendem a certas necessidades básicas da sociedade".

Além da escola, da família, da religião e do Estado – as mais comuns –, há muitas outras como a organização jurídica, o sistema econômico, a política etc. O termo *instituição* também é aplicado a conjuntos menores de padrões de comportamento: instituição do futebol, do carnaval, do trabalho etc.

Leis. São normas de cumprimento obrigatório, sob pena de punição pela autoridade competente. Referem-se àqueles padrões de comportamento considerados mais importantes para o grupo. Assim, não há leis determinando como o indivíduo deve comportar-se à mesa, mas há leis estabelecendo as relações trabalhistas, a obrigatoriedade da educação básica, a inviolabilidade da vida etc.

Embora as leis resultem de fatos e normas sociais, muitas vezes atendem aos interesses dos grupos dominantes dentro da sociedade. Quem faz as leis é o Poder Legislativo, mas os diversos grupos sociais estão desproporcionalmente representados no Congresso Nacional: basta ver a diminuta representação das mulheres e afrodescendentes, por exemplo.

Subcultura. Um povo como o brasileiro, por exemplo, não tem uma cultura uniforme. Além das diferenças regionais quanto à maneira de falar, de vestir, de se alimentar etc., sobressaem as distinções entre as diversas classes, provocadas pelas escandalosamente desiguais condições econômicas; as características culturais próprias de distintos grupos, como os afrodescendentes, os índios, os imigrantes etc. Cada uma dessas culturas particulares – do sul do país, dos índios, dos imigrantes etc. – forma o que se pode chamar de subcultura ou de uma cultura particular dentro da cultura mais ampla, que é a brasileira.

Embora apresente características diferenciadas, em geral a subcultura não se opõe à cultura dominante. Contrariamente à contracultura, que, além de expressar suas diferenças em relação aos padrões dominantes, contesta-os radicalmente. O movimento hippie, por exemplo, opôs-se visceralmente a valores caros à sociedade da época, como a religião, o trabalho, o patriotismo, a acumulação de riquezas etc.

ETNOCENTRISMO X RELATIVISMO CULTURAL

O etnocentrismo consiste em considerar o próprio grupo como o centro e suas normas como as corretas, avaliando e julgando os demais grupos a partir dele. A cultura do nosso grupo, do nosso país, é vista como superior. As outras podem ser consideradas tanto mais desenvolvidas quanto mais se aproximarem da nossa.

Exemplo clássico de etnocentrismo é o dos colonizadores europeus diante dos povos indígenas, considerando-se superiores, "a civilização", enquanto os índios eram tidos como bárbaros, primitivos, atrasados. Da mesma forma a Igreja católica, que agrupou índios em aldeias controladas pelos padres, condenando suas crenças e costumes, forçando-os a se converterem ao catolicismo.

O etnocentrismo faz da cultura dominante um padrão universal. Nossa religião é a verdadeira; nossa raça é a superior; nossa sociedade é a mais desenvolvida; nosso país é o melhor etc.

Já o relativismo cultural considera que cada aspecto ou característica de uma cultura refere-se ao seu contexto, à história do grupo, do povo. Assim, cada comportamento é adequado ou inadequado, certo ou errado, em relação à cultura em que ocorre. Não se pode avaliar e julgar os comportamentos de outros grupos e culturas com base nos critérios, valores e motivos do nosso grupo e de nossa cultura.

O relativismo cultural, portanto, opõe-se ao etnocentrismo, considerando que não existe uma cultura melhor ou pior que as outras. Cada uma deve ser compreendida a partir de si mesma, de sua história.

FORMAS DE ORGANIZAÇÃO SOCIAL

Um dos aspectos da cultura de um povo é sua organização social, que assumiu diversas formas no decorrer da história humana, com vistas a conseguir os meios que garantissem a sua sobrevivência. Em alguns casos, a organização social proporcionou mais ou menos as mesmas condições de sobrevivência a todos os membros do grupo social. Em outros, o controle por uma parte da sociedade, geralmente minoritária, proporcionou a essa minoria uma vida privilegiada, mais confortável, à custa da submissão da maioria a condições precárias de existência.

Entre as formas que se destacaram no passado, até a Idade Média, estão o comunismo primitivo, o escravismo e o feudalismo. A partir daí foi se desenvolvendo o capitalismo, com domínio quase exclusivo na atualidade, de modo especial no que tange à economia, depois de confrontado pelo socialismo ao longo do século XX.

Comunismo primitivo. Foi o estágio em que se produzia de acordo com as necessidades, com o trabalho de todo o grupo, e a produção era distribuída entre todos os seus membros. Não havia excedente, sobra. Os meios de produção, como a terra, pertenciam a todos.

Escravismo. Com o crescimento dos grupos sociais e o aperfeiçoamento das técnicas e dos instrumentos de trabalho, começou a haver excedente e alguns começaram a viver do seu controle, tornando-se proprietários dos meios de produção e passando a explorar o trabalho dos outros. Além disso, começaram a existir disputas e guerras, e os membros do grupo derrotado eram feitos prisioneiros e obrigados a trabalhar para os do grupo vencedor. Surgiram daí duas camadas sociais: a dos escravos, que trabalhavam, a dos seus donos, que viviam do trabalho deles. Tal foi a organização social dominante na Antiguidade.

O surgimento do escravismo coincide com o momento em que os humanos deixaram de ser nômades, vivendo apenas da caça, da pesca e da coleta, e tornaram-se sedentários, praticando a agricultura e o pastoreio. Foi então que começou a luta pela terra cultivada e cultivável, provocando muitos conflitos entre os vários grupos humanos, luta que ainda persiste em várias regiões do Brasil.

Feudalismo. Predominou durante a Idade Média (476-1453), quando o poder central (do rei) era muito fraco e se multiplicaram os domínios dos senhores feudais, cada qual com o seu feudo, que abrangia uma grande extensão de terras. O mecanismo de funcionamento do sistema feudal consistia no compromisso de reciprocidade entre o senhor e o servo. Em troca de proteção, o servo prestava ao senhor determinados serviços, cultivando a terra para ele alguns dias por semana, podendo em outros produzir para seu próprio sustento. O cultivo da terra para o senhor era o excedente do qual este se apropriava, usando-o para o seu conforto ou para defender seu feudo, muitas vezes através da guerra.

SOCIEDADE CAPITALISTA

Com o aumento da produção e o desenvolvimento do comércio, no final da Idade Média, surgiram condições propícias ao desenvolvimento do capitalismo. Os comerciantes, chamados burgueses por viverem em burgos ou cidades, fora dos muros que cercavam os castelos dos senhores, obtinham lucro comprando mercadorias por um preço e vendendo-as mais caro. Utilizavam o lucro para comprar novas mercadorias, acumulando assim dinheiro e riquezas, que passaram a aplicar no próprio comércio e em pequenas indústrias, que aumentaram o seu lucro. Começaram então a emprestar parte desse lucro a juro e surgiram os bancos, propiciando-lhes ainda mais lucros. Para poder buscar as mercadorias por preços mais baixos do outro lado do Atlântico e do Pacífico, a burguesia começou a financiar as grandes navegações, aumentando sempre mais o seu lucro.

O dinheiro utilizado para fazer mais dinheiro chama-se capital. E o resultante excedente do emprego desse capital também é lucro. E o sistema econômico baseado na aplicação do capital para obter sempre mais lucro denomina-se capitalismo. A essa primeira fase do capitalismo chama-se **capitalismo comercial**, porque eram os comerciantes burgueses que detinham o capital.

A concentração do capital nas mãos e os inventos da Revolução Industrial fizeram com o que o capitalismo avançasse para uma segunda fase: o **capitalismo industrial**. Em vez de continuar comprando as mercadorias dos artesãos, os comerciantes burgueses passaram a manter suas próprias oficinas, controlando, assim, não apenas o comércio, mas também a produção das mercadorias, obtendo dessa forma ainda mais lucros.

As oficinas foram crescendo, transformando-se em grandes fábricas, principalmente a partir da Revolução Industrial, no século XVIII. Crescendo sempre mais a necessidade de mão de obra, surgiu o trabalho assalariado e, com ele, uma nova mercadoria e uma nova fonte de lucro: o trabalho passou a ser encarado como mercadoria pelo capitalista. Este tornou-se o detentor dos meios de produção (dinheiro, fábricas, máquinas etc.) e o trabalhador passou a ser dono apenas da sua força de trabalho.

Daí uma conclusão lógica: quanto menos o capitalista pagasse pelo trabalho do operário, mais sobraria para ele, como excedente, como lucro. Formaram-se, então, duas classes sociais opostas: de um lado a burguesia e do outro o proletariado (nome oriundo da grande prole, número de filhos, do trabalhador), cada uma lutando por seus interesses.

Aumentando sua produção, o capitalista precisava vender sempre mais produtos, assim como comprar matérias-primas a baixo custo, o que aumentava seus ganhos e suas vantagens em relação aos concorrentes. Intensificou-se a disputa pelos mercados fornecedores de matérias-primas e pelos consumidores. As pequenas indústrias foram desaparecendo. Surgiram os grandes conglomerados industriais, os monopólios, que atravessaram fronteiras, controlando governos de países fornecedores de matérias-primas e consumidores de produtos industrializados. É a terceira fase do capitalismo, o **capitalismo monopolista**, também chamada de **capitalismo financeiro**, por conta da sempre crescente especulação financeira e das operações nas bolsas de valores.

SOCIEDADE SOCIALISTA

Embora as ideias socialistas, como a preocupação com o fim da desigualdade entre os seres humanos, possam ser encontradas já em tempos remotos, foi a partir dos séculos XVIII e XIX que começaram a ser formuladas de modo sistemático, como tentativa de encontrar uma forma de organização social baseada na justiça social.

Dentre os primeiros socialistas, considerados utópicos por não se basearem numa análise científica da sociedade, destacam-se os seguintes:

- Robert Owen (1771-1858). Empresário inglês que propôs a supressão da propriedade privada e a retribuição do trabalho com bônus ao invés de dinheiro.
- Charles Fourier (1772-1837). Planejou os Falanstérios, cidades do trabalho em que cada um escolhia seu posto e tudo era comum – refeitório, moradias etc.
- Louis Blanc (1811-1882). Como funcionário público, criou na França as Oficinas Nacionais, espécies de fábricas socializadas.
- Henri de Saint-Simon (1760-1825). Propôs um governo dos trabalhadores, com a participação de operários industriais, banqueiros e comerciantes. Aceitava a livre empresa e o lucro dos capitalistas, desde que estes assumissem responsabilidades sociais.
- Pierre J. Proudhon (1809-1865). Definiu a propriedade como um roubo e o Estado como o braço armado da classe dominante.

Mas as ideias socialistas só alcançaram grande impulso com o trabalho de Karl Marx (1818-1883) e Friedrich Engels (1820-1903), cuja obra deu início ao chamado socialismo científico. O ponto de partida foi o *Manifesto do Partido Comunista*, publicado em 1848, e que termina com a famosa frase: "Proletários de todos os países, uni-vos!"

A principal obra de Marx é *O capital*, uma crítica rigorosa e minuciosa do capitalismo, argumentando que, como resultado da luta de classes, como motor da História, seria inevitável a sua superação pelo socialismo, no qual a propriedade dos meios de produção seria coletiva, a economia planificada de forma centralizada, a produção de acordo com as necessidades do povo, sem patrões nem empregados.

TEXTO COMPLEMENTAR

Cidadão 100% norte-americano

O cidadão norte-americano desperta num leito construído segundo padrão originário do Oriente Próximo mas modificado na Europa Setentrional, antes de ser transmitido à América. Sai debaixo de cobertas feitas de algodão, cuja planta se tornou doméstica na Índia; ou de linho ou de lã de carneiro, um e outro domesticado no Oriente Próximo; ou de seda, cujo emprego foi descoberto na China. Todos esses materiais foram fiados e tecidos por processos inventados no Oriente Próximo. Ao levantar da cama faz uso dos mocassins que foram inventados pelos índios das florestas do Leste dos Estados Unidos e entra no quarto de banho, cujos aparelhos são uma mistura de invenções europeias e norte-americanas, umas e outras recentes. Tira o pijama, que é vestuário inventado na Índia, e lava-se com sabão que foi inventado pelos antigos gauleses; faz a barba que é um rito masoquístico que parece provir dos sumerianos ou do Antigo Egito.

Voltando ao quarto, o cidadão toma as roupas que estão sobre uma cadeira de tipo europeu meridional e veste-se. As peças de seu vestuário têm a forma de vestes de pele originais dos nômades das estepes asiáticas; seus sapatos são feitos de peles curtidas por um processo inventado no Antigo Egito e cortadas segundo um padrão proveniente das civilizações clássicas do Mediterrâneo; a tira de pano de cores vivas que amarra ao pescoço é sobrevivência dos chalés usados aos ombros pelos croatas do século XVII. Antes de ir tomar o *breakfast*, ele olha a rua através da vidraça feita de vidro inventado no Egito; e, se estiver chovendo, calça galochas de borracha descoberta pelos índios da América Central e toma um guarda-chuva inventado no sudoeste da Ásia. Seu chapéu é feito de feltro, material inventado nas estepes asiáticas.

De caminho para o *breakfast*, para comprar um jornal, pagando-o com moedas, invenção da Líbia antiga.

No restaurante, toda uma série de elementos tomados de empréstimo o espera. O prato é feito de uma espécie de cerâmica inventada na China. A faca é de aço, liga feita pela primeira vez na Índia do Sul; o garfo é inventado na Itália medieval, a colher vem de um original romano. Começa seu *breakfast* com uma laranja vinda do Mediterrâneo Oriental, um melão da Pérsia, ou talvez uma fatia de melancia africana. Toma café, uma planta abissínia, com nata e açúcar. A domesticação do gado bovino e a ideia de aproveitar seu leite são originários do Oriente Próximo, ao passa que o açúcar foi feito pela primeira vez na Índia. Depois das frutas e do café, vem *waffles*, os quais são bolinhos fabricados segundo uma técnica escandinava, empregando como matéria-prima o trigo, que se tornou planta doméstica na Ásia Menor. Rega-os com xarope de *maple*, inventado pelos índios do Leste dos Estados Unidos. Como prato adicional talvez coma ovo de uma espécie de ave domesticada da Indochina ou delgadas fatias de carne de um animal domesticado na Ásia Oriental, salgada e defumada por um processo desenvolvido no Norte da Europa.

Acabando de comer, nosso amigo se recosta para fumar, hábito inventado pelos índios americanos e que consome uma planta originária do Brasil: fuma cachimbo, que procede dos índios da Virgínia, ou cigarros, provenientes do México. Se for fumante valente, pode ser que fume mesmo um charuto, transmitido à América do Norte pelas Antilhas, por intermédio da Espanha. Enquanto fuma, lê notícias do dia, impressas em caracteres inventados pelos antigos semitas, em material inventado na China e por um processo inventado na Alemanha. Ao inteirar-se das narrativas dos problemas estrangeiros, se for um bom cidadão conservador, agradecerá a uma divindade hebraica, numa língua indo-europeia, o fato de ser 100% americano.

(LINTON, Ralph. *O homem*: uma introdução à Antropologia. 8. ed. São Paulo: Martins, 1971, p. 331-2.)

QUESTÕES PROPOSTAS

1. Distinga cultura material e imaterial. Como as duas se interligam? Dê exemplos.

2. De um modo geral, pode-se afirmar que a nossa cultura é etnocêntrica? Por quê?

3. Caracterize as formas de organização social que predominaram ao longo da História. Contraponha capitalismo e socialismo.

4. A partir do texto complementar disserte sobre a interdependência das culturas.

Controle e mudança social

Observando as condições da vida social na história da humanidade, notamos facilmente que existem aspectos culturais velhos e novos. A língua que falamos hoje, por exemplo, conserva em linhas gerais as características que tinha no tempo de Camões, embora tenha mudado em alguns aspectos. A medicina atual, por outro lado, é muito diferente da praticada no século XVI.

A partir dessa observação, podemos afirmar que o controle social, tentando conservar os padrões dominantes, e a mudança social – fruto de avanços científicos e tecnológicos, de movimentos populares etc. –, buscando modificá-los, são processos simultâneos e interdependentes. São esses dois importantes processos e a sua interdependência que abordaremos neste capítulo.

CONTROLE SOCIAL: O QUE É E COMO SE PROCESSA

Observemos um pequeno povoado do interiorzão do Brasil, em que nem a televisão e, muito menos, a internet chegaram. Sucedem-se as gerações e as pessoas continuam fazendo sempre as mesmas coisas, pensando da mesma maneira, conservando os mesmos costumes. Qualquer tentativa de fugir à regra é vista com maus olhos.

Passemos agora a uma grande cidade. Aparentemente, a desordem está instaurada: ruas fervilhando de pedestres, grande parte deles andando com o celular na mão; carros de passeio e ônibus atravancando o trânsito; lojas expondo suas mercadorias, muitas vezes invadindo as calçadas; supermercados com gente entrando e saindo; pessoas pedindo esmola; assaltos e correrias etc. Entretanto, nessa esfuziante vida também predominam certos padrões de comportamento: os indivíduos andam vestidos e calçados; os veículos são conduzidos de forma ordenada, para não colidir com os outros; pessoas e veículos são orientados por sinais de trânsito; nas lojas, compra-se mediante pagamento em moeda corrente, com cartão, pix etc. Portanto, embora a cidade apresente maior variedade de comportamentos e esteja mais aberta a novidades, tanto no pequeno povoado quanto na cidade está presente o controle social.

Controle social é o processo utilizado por uma sociedade ou por seu grupo dominante para garantir a obediência de seus membros aos padrões de comportamento vigentes. Ele envolve diversos meios, que podem ser internos (socialização) e externos (pressão social e força).

Socialização

Desde que nasce, o indivíduo é treinado para agir, pensar e sentir segundo as expectativas da sociedade, internalizando as normas sociais de comportamento. É o que se chama de socialização, por meio do qual a sociedade procura moldar costumes, hábitos, crenças e valores de acordo com os padrões dominantes. Se esse processo for eficiente, ao encarar a possibilidade de fazer algo discordante, considerado errado, a primeira resistência vai ser do próprio indivíduo. Se o fizer, poderá sentir-se culpado, achar que está prejudicando a sociedade.

Assim, por exemplo, durante muitos séculos, a mulher foi socializada para ser dona de casa, cuidar da cozinha e dos filhos, servir ao marido etc. Desde pequena foi estimulada a brincar com bonequinha, de casinha e comidinha. Quando adulta, mesmo percebendo outras alternativas, tinha dificuldade em vencer uma situação que foi treinada para ver como normal para ela. É o que ainda acontece com muitas mulheres, embora cada vez menos, como resultado de sua conscientização e de suas lutas pela igualdade de gênero e pela sua independência da dominação masculina.

Controle por pressão social

A pressão social também é uma importante forma de controle social: o que aconteceria numa de nossas pequenas cidades do interior se uma jovem saísse vestida como árabe, com uma burca, ou como índia, com pinturas, colares e outros adornos? Provavelmente seria alvo de todas as atenções, poderia ser ridicularizada; o certo é que sofreria muitas pressões – da família, das amigas, do patrão – para que voltasse a se vestir de acordo com os costumes da sua cidade. Ou o que aconteceria se a mesma moça pretendesse ser torneira-mecânica ou motorista de caminhão? Poderia sofrer pressões para que não tentasse tais coisas, "trabalhos de homem".

Um experimento simples mostra como o ser humano está sujeito à pressão social: convida-se sete pessoas a observar três linhas na lousa, de comprimentos levemente diferentes, tendo previamente combinado com seis delas para que afirmem que as linhas são iguais. Dificilmente o sétimo indivíduo, mesmo achando que as linhas são diferentes, resistirá à pressão do grupo. É forte a tendência para que ele ache que está vendo errado e que os outros estão certos. Outro exemplo é o do efeito "boiada": coisa que o indivíduo nunca faria sozinho, pode ser levado a fazer por pressão do grupo, como participar de um saque a uma loja, de um linchamento, de ações de *bullying* contra um colega, de um mutirão etc.

Nos grupos primários, a pressão social é informal, espontânea, não planejada. Às vezes um membro que desagrada ao grupo é ridicularizado; outras vezes pode até ser isolado por algum tempo, ser tratado com indiferença etc.

Nos grupos secundários, os controles são mais formais, sendo a burocracia uma de suas formas mais explícitas. As normas geralmente são escritas e cada um tem funções bem definidas a desempenhar. Num escritório, por exemplo, os funcionários devem seguir normas estabelecidas, como o horário de chegada e de saída, as tarefas diárias, bem como respeitar a hierarquia; um chefe de seção, por exemplo, não deve contrariar as ordens de um gerente que, por sua vez, deve seguir a orientação do diretor.

O automatismo é também uma forma de controle, embora indireta. Quanto mais automáticas as tarefas executadas, tanto mais o trabalho será monótono e mecânico, ficando reduzidas as oportunidades para que ele decida, tome iniciativas, atue por conta própria. Dessa forma, muitos comportamentos serão condicionados e controlados socialmente através de máquinas sempre mais complexas, reduzindo-se o espaço para atividades livres.

CONTROLE PELA FORÇA

O controle pela força funciona em toda a parte, mas principalmente em regimes autoritários em que qualquer desvio de comportamento, em relação à ordem imposta, é tratado com severidade. A força pode expressar-se tanto como opressão física – castigos físicos, tortura etc. – quanto como opressão moral e social, por meio do isolamento do indivíduo, que pode ser preso, confinado e até expulso do país.

A MUDANÇA SOCIAL E SEUS PROCESSOS

Todos os grupos humanos vivem um constante processo de mudança. Em alguns – menores e mais fechados a influências externas – esse processo é mais lento; em outros – maiores e mais abertos – é mais rápido.

Observamos que as mudanças são muitas vezes mais rápidas. Nos últimos dois séculos, desenvolveram-se de um modo quase alucinante: os modernos meios de transporte e de comunicação; a energia elétrica e nuclear; as conquistas no campo da eletrônica e da informática; o rádio, o cinema, a televisão, a internet; os avanços da ciência médica, com as vacinas e os antibióticos; as viagens espaciais – são realizações até certo ponto recentes que mudaram radicalmente a vida social.

A mudança social é aquela que, resultando do trabalho humano, produz modificações nas estruturas sociais e nas relações entre os membros da sociedade. Tomemos um exemplo bem simples: a estrutura familiar evoluiu da forma consanguínea (família grande com todos os parentes) para as formas conjugal (marido, esposa e filhos) e nuclear (mãe e filhos, por exemplo) e o número de filhos foi decrescendo. As relações familiares também mudaram: diferentemente do passado não muito distante, hoje, de um modo geral, os filhos falam de igual para igual com os pais, chamando-os de você e conversando com eles sobre qualquer assunto; a mulher participa mais da vida fora do lar e discute os problemas familiares com os filhos e o marido; este já não é o senhor absoluto, que toma todas as decisões sem consultar esposa e filhos.

Essas mudanças no grupo familiar não correram automaticamente, mas estão relacionadas a mudanças mais amplas em outros setores sociais: a vida nas cidades, em pequenas moradias, provavelmente influenciou a redução da estrutura familiar; o rádio, a televisão e a internet, levando novos valores às regiões mais longínquas, certamente também contribuíram para modificar as relações familiares; a energia elétrica facilitou a vida doméstica com geladeira, aspirador de pó, máquina de lavar etc. Uma mudança mais ampla surgiu com o trabalho da mulher fora de casa, que se tornou comum principalmente depois da Segunda Guerra Mundial: participando da renda familiar e da produção, a mulher passou a ser parte mais ativa na sociedade, tornando-se mais independente, contribuindo para que, paulatinamente, fosse assumindo uma posição de igualdade em relação ao homem, tanto na vida familiar quanto na vida social em geral.

Mudança e progresso não são a mesma coisa. A mudança envolve uma modificação qualquer, não importando sua orientação. Já o progresso implica um juízo de valor, quer dizer mudança numa determinada direção, segundo objetivos desejáveis. Assim, por exemplo, alguns podem considerar que veículos cada vez mais rápidos, edifícios mais altos, divórcio, conquista do espaço, armas mais modernas etc. sejam fatores de progresso. Outros poderão discordar, defendendo que tais fatores prejudicam a convivência humana e, portanto, não constituem progresso.

Dente os numerosos fatores da mudança social, destacamos a descoberta, a invenção e a difusão.

Descoberta

Como já vimos, a descoberta é o conhecimento de algo que já existe, mas que até o momento não é conhecido. Assim, a circulação sanguínea, a célula, um novo astro, um novo continente já existiam antes de serem descobertos. Apenas não eram conhecidos pela humanidade. A partir do momento da descoberta, passam a fazer parte do conhecimento humano e a constituir um acréscimo à cultura.

Na medida em que a descoberta é utilizada, produz mudança social: o conhecimento da circulação sanguínea e da célula fez avançar a medicina, diminuindo a mortalidade; a utilização do petróleo produziu inúmeras mudanças nos transportes, na indústria etc., mas também intensificou a poluição ambiental e o aquecimento global.

Invenção

A invenção consiste em uma nova combinação ou um novo uso de conhecimentos já existentes:

> Assim, em 1895, George Selden combinou um motor de gás liquefeito, um tanque desse gás, um mecanismo de engrenagens e uma embreagem intermediária, um eixo de transmissão e uma carroçaria, e patenteou este aparelho como um automóvel. (Horton e Hunt, 1980: 384)

Os exemplos são numerosos: a roda (uma fatia redonda de um tronco de árvore), o aço (ferro mais outros metais), o arco e a flecha, a carroça, a máquina a vapor, o motor a jato, a lâmpada, o rádio, o cinema, a televisão, a internet, o celular etc. Uma invenção tanto pode ser material (avião, telefone, arco e flecha, telefone) quanto não material (alfabeto, forma de governo, música). Geralmente, qualquer invenção abrange aspectos materiais e não materiais. Por trás da invenção do automóvel ou do telefone, que são aspectos materiais, existem as ideias do inventor. Uma música materializa-se numa partitura e, para a sua execução, exige um instrumento. Ideias, hipóteses, teorias, crenças são não materiais, embora pressuponham um sujeito de carne e osso que as formule.

Difusão

Por difusão entende-se a transmissão de elementos culturais de um grupo para outro. Pode-se afirmar que quase todas as mudanças sociais ocorrem por mútua influência entre diversos grupos. A difusão permite que as inovações se espalhem, se universalizem, tornando inexorável a mudança social.

É só analisarmos os objetos que utilizamos em nosso dia a dia, nossos hábitos, nossas crenças, para verificarmos como quase toda a nossa cultura procede de outras sociedades, como constatamos no caso do cidadão 100% norte-americano do texto complementar do capítulo anterior.

Movimentos sociais

As ideias, muitas vezes, se espalham como o fogo num rastilho de pólvora ou na mata em tempo de seca – no Brasil, sabemos bem o que isso significa –, inspirando e estimulando o surgimento de movimentos sociais. Estes podem ser antipopulares, quando implantam ditaduras, promovem guerras, levam grandes contingentes populacionais à fome e à doença; ou populares, derrubando ditaduras, pressionando pelo fim das guerras e pela paz, levando à melhoria das condições de vida da população. Exemplo clássico é o das ideias da Revolução Francesa (1789) – liberdade, igualdade, fraternidade –, que inspiraram movimentos de mudança em todo o mundo.

Tais movimentos podem ser pacíficos, como as manifestações pelo fim da Guerra do Vietnã nos anos 1960 e 1970, os que levaram à derrubada do muro de Berlim em 1989 e, no Brasil, o movimento das Diretas Já, em 1983-1984, que contribuiu para o fim da ditadura militar. Mas também podem ser armados como as guerras de independência nas Américas e na África; como as revoluções socialistas na Rússia, na China, em Cuba; e como os golpes militares que, estimulados pelo governo dos Estados Unidos, proliferaram-se na América Latina na segunda metade do século passado, implantando ditaduras sanguinárias.

Historicamente, podemos observar como os meios de difusão das ideias foram se aperfeiçoando, tornando-se cada vez mais eficientes, atingindo um número sempre maior de pessoas: desde os sinais de fumaça, os tambores, os sinos, o boca a boca, a imprensa, o rádio, o telefone, a televisão, até as mais recentes tecnologias de informação como a internet e seus derivados. Atualmente, é pelas redes sociais que se espalham ideias e notícias, muitas vezes falsas – como se verificou em relação à pandemia –, e se convocam manifestações e se organizam movimentos sociais.

REFORMA E REVOLUÇÃO

Em relação aos fatos sociais, o indivíduo pode assumir quatro posições básicas:

- Ser **reacionário**: acredita que os antigos padrões sociais, econômicos e culturais são melhores e trabalha para restabelecê-los, pretendendo o retrocesso da História. Defenderia que a mulher se limitasse aos trabalhos domésticos, fosse submissa ao marido, a missa em latim, se fosse católico, seria contra a greve, a favor do autoritarismo etc. No caso brasileiro, defenderia a volta da monarquia, veria benefícios na escravidão etc.
- Ser **conservador**: defende a situação vigente e trabalha para evitar qualquer mudança. Geralmente, os conservadores constituem os grupos dominantes, privilegiados, beneficiários do *status quo* e querem que assim continue. No Brasil atual, por exemplo, opõem-se a medidas para reduzir a desigualdade e a concentração da renda e da propriedade, à reforma agrária, ao aumento dos salários, às cotas raciais e sociais, à maior participação das mulheres e dos afrodescendentes na política, à igualdade de gênero etc.
- Ser **reformista**: pretende pequenas mudanças que não alterem as estruturas básicas, das quais também se beneficiam. Pode até admitir uma redução da desigualdade salarial, maiores gastos com saúde e educação, melhores oportunidades

de emprego e outras mudanças mais ou menos superficiais. Geralmente, não admite a limitação do tamanho das propriedades rurais e a reforma agrária, a taxação das grandes fortunas, a participação dos trabalhadores na gestão das empresas, o casamento entre pessoas do mesmo sexo etc.
- Ser **revolucionário**: é o que adota uma posição mais radical, defendendo a mudança das estruturas vigentes, tanto sociais, quanto econômicas e culturais. Um exemplo clássico é a Revolução Francesa (1789), quando a burguesia tomou o poder, apeando a nobreza, até então dominante. O processo revolucionário é tanto mais radical quanto mais numerosos os aspectos da sociedade que atingir. Assim teriam sido as chamadas revoluções socialistas – Russa (1917), Chinesa (1949) e Cubana (1959) –, que provocaram profundas mudanças socioculturais, econômicas e políticas.

Outra classificação muitas vezes empregada é a que separa os indivíduos e grupos entre esquerda e direita. Joel Rufino dos Santos (1979: 192) explica a sua origem:

> Quando a Revolução Francesa se organizou em Convenção (1792 a 1795) a luta política se acirrou. O assento do Presidente ficava no meio da sala. Os girondinos (alta burguesia conservadora) sentavam-se à direita dele; os jacobinos (pequena burguesia e profissionais liberais apoiados pela plebe de Paris) sentavam-se à esquerda. Para economizar esforço, o Presidente da Convenção passou a chamar os girondinos de direita (antes ele dizia: "os Srs. Convencionais que estão à minha direita...") e os jacobinos de esquerda. Acontece que os jacobinos queriam a continuação das medidas revolucionárias; os girondinos, não. As expressões pegaram: esquerda é quem quer revolução ou reformas sociais, direita é quem não quer (no centro ficavam os indefinidos).

Flexibilizando a polarização esquerda x direita, incluindo orientações intermediárias, surgiram outras classificações: esquerda, centro-esquerda, centro, centro-direita e direita; ou extrema-esquerda ou esquerda radical, esquerda, centro, direita e extrema direita ou direita radical; e, combinando as duas anteriores, extrema esquerda ou esquerda radical, esquerda, centro-esquerda, centro, centro-direita, direita, extrema-direita ou direita radical.

Na realidade, os limites entre essas categorias não estão rigidamente estabelecidos. Dessa forma, será difícil colocar um indivíduo ou um partido rigorosamente dentro de qualquer uma delas, especialmente no caso das posições mais de centro. Além disso, o que se observa é que, no discurso, quase todos são favoráveis à mudança, a uma sociedade mais justa. Daí a importância de se verificar a prática de cada um, na hora do voto no Congresso, na distribuição dos recursos pelo orçamento, nas medidas adotadas pelo governo numa situação de crise etc.

TEXTO COMPLEMENTAR

Sem perspectivas, metade dos jovens quer deixar Brasil

O Brasil nunca teve ou terá tantos jovens como agora. Mas o ápice dos cerca de 50 milhões de brasileiros entre 15 e 29 anos revela uma juventude decepcionada em níveis recordes, sem perspectiva de trabalho e insatisfeita com as condições do país.

Se pudesse, quase a metade (47%) dos jovens brasileiros deixaria o país. Isso no auge do chamado bônus demográfico, quando o Brasil teria a chance de acelerar o crescimento com uma proporção inédita de pessoas em idade de trabalhar em relação a seus dependentes, como crianças e idosos. [...]

Uma série de novas pesquisas quantitativas e qualitativas envolvendo milhares de brasileiros entre 15 e 29 anos revela que nunca foi tão alta a proporção dos que nem trabalham nem estudam (há 27,1% dos chamados "nem-nem") e que 70% dos jovens têm dificuldade de encontrar trabalho. Na comparação com a maioria dos países da América Latina, é no Brasil onde os jovens veem menos chances de progredir trabalhando.

Nesse sentido, mais da metade (51,9%) agora enxerga o Brasil como um país pobre. O salto nessa percepção chega a quase 40 pontos desde 2014, quando o Brasil mergulhou numa recessão que se estendeu até 2016 – seguida de um período de baixo crescimento de 2017 a 2019 e da pandemia, a partir de 2020.

De 2014 a 2019, os jovens já amargavam um retrocesso trabalhista inédito. Enquanto outros grupos tradicionalmente excluídos (analfabetos, negros e moradores do Nordeste e do Norte) tiveram perdas de renda duas vezes maiores do que a média geral, ela foi cinco vezes mais forte para jovens entre 20 e 24 anos; sete vezes maior para adolescentes que trabalham.

Com a chegada da Covid-19, a desocupação de jovens na faixa de 15 a 19 anos saltou de 49,4% para 56,3%.

[...]

No caso brasileiro há o agravante de ser muito baixa a formação de alunos em escolas de ensino médio técnico: 8% do total, ante 40% na média dos países da Organização para a Cooperação e Desenvolvimento Econômico, segundo o relatório Education at a Glance 2019, da própria OCDE.

Para o economista Naercio Menezes, pesquisador do Centro de Gestão e Políticas Públicas do Insper, sem políticas estatais para o mercado de trabalho, os jovens menos qualificados estão fadados a encarar um futuro pior e cheio de frustrações.

[...]

Nesse cenário, de baixa perspectiva futura combinada a crescimento econômico medíocre, Menezes diz entender "perfeitamente" o forte desejo dos jovens de saírem do Brasil.

(CANZIAN, Fernando. Sem perspectivas, metade dos jovens quer deixar Brasil. *Folha de S.Paulo*, 21 jun. 2021. Disponível em: <https://www1.folha.uol.com.br/mercado/2021/06/sem-perspectivas-metade-dos-jovens-quer-deixar-brasil.shtml>. Acesso em: 10 ago. 2021.)

QUESTÕES PROPOSTAS

1. Cite exemplos mostrando como aspectos velhos e novos coexistem em nossa vida diária.
2. Como se processa o controle social?
3. Descreva os processos que levam à mudança social.
4. Você já pensou em deixar o Brasil? Por quê? O que leva alguém a querer sair do país onde nasceu?

Sociologia e educação

Após termos estudado numerosos aspectos relativos à organização da sala de aula, da escola e da educação e às estruturas e processos básicos da sociedade, chegou o momento de sistematizarmos os conceitos fundamentais da Sociologia e de refletirmos sobre a contribuição que tais conhecimentos podem agregar ao trabalho do professor.

O QUE É SOCIOLOGIA?

Retomemos, então, para definir de forma sistemática alguns conceitos básicos de Sociologia, aos quais já fizemos referência nos capítulos anteriores: fato social, interação social, grupo social, estratificação social, classe social, comunidade, sociedade, *status* social e papel social.

Fato social

O fato social tem duas características fundamentais: é exterior ao indivíduo, ou seja, existe antes do indivíduo e continuaria a existir independentemente da existência deste; em segundo lugar, exerce coação sobre o indivíduo, este não pode deixar de praticá-lo sob pena de sofrer pressões sociais, punições etc. Dormir, comer, vestir-se não são propriamente fatos sociais, só o indivíduo pode praticá-los e, se não o fizer, não sofrerá punição externa. Já vestir-se de determinada maneira em certas situações, chegar no horário à escola e ao trabalho, fazer os trabalhos escolares, seguir as regras num jogo de futebol etc. são fatos sociais. Se não os cumprir, sofrerá punições.

Interação social

Não basta que vários indivíduos estejam lado a lado, juntos, para que haja interação. É preciso que haja uma ação comum, que os faça conviver, estudar juntos, trabalhar juntos etc. Interação é uma ação coletiva, executada por várias pessoas, com vistas a objetivos comuns. Um indivíduo interage quando conversa com o professor, com os colegas, faz um trabalho junto com estes, atende um cliente numa loja, participa de um jogo coletivo etc.

Grupo social

Grupo social é um conjunto de indivíduos que interagem uns com os outros durante certo período de tempo. A família, os amigos de infância, os colegas de escola, a própria escola, a empresa, os habitantes do condomínio etc. formam grupos sociais. Como já vimos, são dois os tipos básicos de grupos:

- com os amigos de infância, a família, os amigos de sala de aula, da rua, o indivíduo se relaciona e interage de forma mais pessoal, mais integral, envolvendo toda a sua personalidade: essas pessoas com quem se relaciona o conhecem bastante bem, de forma mais íntima e, por isso, formam com ele grupos primários;
- de modo geral, os moradores do condomínio, a maioria dos colegas da escola, o patrão e muitos colegas da empresa relacionam-se com o indivíduo de forma mais impessoal, parcial e profissional, muitas vezes utilizando uma linguagem burocrática – quadro de avisos, memorandos, circulares etc. –, formando com ele grupos secundários.

Estratificação e classe social

Por estratificação social entende-se o processo que situa os indivíduos em camadas sociais, em estratos diferentes segundo suas condições econômicas, de nascimento etc. Na sociedade capitalista, quase exclusiva na atualidade, predomina a estratificação de acordo o nível de renda, as condições econômicas dos indivíduos, em estratos chamados classes sociais. Essa estratificação assume a forma de uma pirâmide: no topo está a minoria de abastados; na base a grande maioria de pobres e miseráveis, e dos que nada têm, a não ser um chão duro para repousar o "esqueleto" e do qual muitas vezes são expulsos pelas "autoridades", preocupadas mais com a estética e a higiene do espaço do que com a vida humana. A classe social é, portanto, cada um dos estratos ou camadas que constituem a sociedade, quando dividida de acordo com o critério econômico.

Comunidade e sociedade

O termo *comunidade* tem sido empregado em diferentes sentidos. Num deles, mais restrito, opõe-se à sociedade e significa um grupo local, bastante integrado, com predominância de contatos primários: pessoais, informais, tradicionais, sentimentais, que envolvem a pessoa como um todo. A cultura de uma comunidade é, geralmente, tradicional e homogênea, passa de uma geração a outra, e é resistente a influências externas. Mas o termo é também utilizado em sentido mais amplo, como um conjunto de instituições – comunidade europeia, comunidade das nações, comunidade dos países de língua portuguesa etc. – ou o conjunto de indivíduos de uma instituição – comunidade católica, comunidade espírita etc.

Podemos falar, ainda, em sociedade brasileira, abrangendo o conjunto de todos os brasileiros, seus grupos e instituições; sociedade capitalista etc. Mas, em contraposição à comunidade em sentido restrito, por sociedade entende-se o conjunto de indivíduos, grupos e instituições cujos relacionamentos são impessoais, formais, utilitários, especializados e, geralmente, baseados em contratos escritos, como regulamentos e leis.

Status social e papel social

O *status* social corresponde à posição que o indivíduo ocupa num grupo social ou na sociedade, que é relativa à posição ocupada por outros indivíduos. Assim, por exemplo, ele ocupa o *status* de filho em relação aos pais, de aluno em relação ao professor, de colega em relação aos outros alunos, de empregado em relação ao patrão, de cidadão em relação à sociedade política etc.

Já o papel social constitui o conjunto de funções que cada indivíduo desempenha em função do *status* que ocupa, podendo, assim, ser caracterizado como o aspecto dinâmico do *status*. A cada um dos *status* – filho, aluno, colega, empregado, cidadão – corresponde, portanto, funções específicas, papéis sociais determinados que, se não cumpridos, podem acarretar pressões ou punições sociais.

Definição de Sociologia

Na definição de Sociologia, destacamos três ideias básicas:

- A Sociologia é uma ciência humana e, como tal, trata-se de um conjunto de conhecimentos sistemáticos, organizados, baseados na observação e na pesquisa objetiva dos fatos sociais e não em crenças preconcebidas ou sentimentos subjetivos acerca dos mesmos fatos. No dizer de Cohen (1980: 1), "um sociólogo pode ter sentimentos e crenças bem determinados acerca de como a sociedade deve organizar-se ou tratar a algum de seus membros, porém não são estes sentimentos ou crenças que definem essa pessoa como sociólogo. Como profissional, um sociólogo tem a obrigação de relatar e analisar objetivamente tudo o que constitui a vida em grupo (como a vida em família, as classes sociais ou as comunidades) e seus derivados (valores, tradições e costumes".
- A Sociologia é uma ciência que tem por objeto de estudo a sociedade humana, sua estrutura básica, a coesão e a desintegração dos grupos, a transformação da vida social. A Sociologia mostra-nos que não basta um conjunto de indivíduos para que tenhamos uma sociedade. É preciso que esses indivíduos se

relacionem, interajam, tenham interesses e objetivos comuns, vivam de acordo com normas também comuns.

- Dependendo de quais fatos sociais estuda e de como os estuda, a Sociologia pode adotar pelo menos duas concepções: por um lado, a que dá mais importância ao fato social como estanque, pronto e acabado, enfatizando a estrutura social, a ordem social vigente etc.; por outro, a que dá mais importância aos aspectos dinâmicos do fato social, aos fatores que levam à mudança, ou seja, aos processos sociais.

BREVE HISTÓRIA

A preocupação com os problemas sociais e a busca de uma forma de organização da sociedade que levasse à superação desses problemas e garantisse de maneira eficiente a sobrevivência de indivíduos e grupos existiram desde o surgimento dos primeiros seres humanos. Entretanto, foi apenas no século XIX que a Sociologia passou a constituir-se como ciência autônoma.

Ao lado do desenvolvimento das ciências modernas (Física, Química, Biologia etc.), as transformações pelas quais passou a sociedade europeia nos séculos XVIII e XIX, em grande parte como decorrências da Revolução Industrial e da Revolução Francesa, levaram muitos estudiosos a estudá-las, bem como a investigar as suas consequências para a vida humana em sociedade. Foi assim que surgiu e se desenvolveu a Sociologia como ciência.

O filósofo francês Augusto Comte (1798-1857) foi o primeiro a empregar o termo "sociologia", em sua obra *Filosofia positiva*, publicada em 1838. Para ele, a Sociologia deveria fazer seus estudos com base na observação e na classificação sistemáticas, e não baseada na autoridade e na especulação, como fazia a ciência antiga.

Herbert Spencer (1820-1903), filósofo social inglês, publicou a obra *Princípios de Sociologia* em 1876, aplicando às sociedades humanas a teoria da evolução do naturalista inglês Charles Darwin (1809-1882), defendendo que a organização social evolui naturalmente do estado primitivo ao industrial.

Nos Estados Unidos, a primeira obra de Sociologia foi publicada em 1883, com o título de *Sociologia dinâmica*. Seu autor, Lester F. Ward (1841-1913), defendeu o progresso social sob a orientação dos sociólogos.

Como se observa, esses primeiros sociólogos estavam imbuídos da ideia de progresso, de evolução, procurando fatos que lhes dessem sustentação. E, certamente, a Revolução Industrial (a partir do século XVIII) e a Revolução Francesa (1789), ao lado de outras mudanças, como o processo de urbanização, as revoluções socialistas etc., tiveram um papel importante na difusão da ideia de progresso. No entanto, essa ideia sofreu enorme frustração com as tragédias humanas e sociais do século XX, de modo especial com as duas guerras mundiais.

Os primeiros cursos de Sociologia em universidades começaram a ser oferecidos em 1890. Em 1895, surgiu o *American Jounal of Sociology*. Em 1905, foi fundada a Sociedade Americana de Sociologia.

No Brasil, os estudos de Sociologia em nível superior começaram na década de 1930, com a fundação da Universidade de São Paulo (1934), sendo um dos seus principais expoentes Fernando de Azevedo. Com suas aulas, formou várias gerações de sociólogos.

Durkheim e Marx

O sociólogo francês Émile Durkheim (1858-1917) contribuiu decisivamente para tornar mais rigoroso o método científico em Sociologia. Em seu livro *Regras do método sociológico* (1895), explicou como procedeu em sua pesquisa sobre o suicídio, que seria publicada em 1897: primeiro planejou o esquema da pesquisa; a seguir coletou grande número de dados sobre pessoas que haviam se suicidado; por fim, elaborou uma teoria do suicídio, em que aponta como fator preponderante o isolamento social.

Para Durkheim, o princípio fundamental da Sociologia é "considerar os fatos sociais como coisas". Não se trata de uma afirmação doutrinária: é claro que os fatos sociais se distinguem dos fenômenos físicos. Trata-se de uma regra metodológica, que significa tomar os fatos sociais em seus aspectos exteriormente observáveis, utilizando métodos de estudo apropriados, como a estatística.

Ao lado dos autores citados, considerados os fundadores da Sociologia, outros há que muito contribuíram, no estágio inicial dessa matéria, com estudos sobre a sociedade. Dentre estes, Marx e Engels: embora seus trabalhos possam não ser considerados propriamente sociológicos, mas caracterizados como análise econômica, pode-se afirmar que ajudaram a desenvolver a Sociologia.

Karl Marx (1818-1883) e Friedrich Engels (1820-1903) não se dedicaram ao estudo da Sociologia, enquanto disciplina específica. Em suas obras podem ser encontrados elementos de muitas matérias – Política, Economia, História, Antropologia, Sociologia etc. – interligados para uma explicação global da sociedade, que acabaram contribuindo decisivamente para o conhecimento crítico da sociedade capitalista. Em seu entender, a História, cujo motor é a luta de classes, haveria de marchar inexoravelmente do capitalismo para o socialismo.

A SOCIOLOGIA E SEUS MÉTODOS

Entre os métodos sociológicos, destacam-se a observação, o questionário, a entrevista, o estudo de caso e a experimentação.

Observação

Consiste em observar sistematicamente e registrar, com o maior número possível de detalhes, os comportamentos dos grupos. A observação não interfere na vida normal do grupo e pode ser de dois tipos: não participante, na qual o observador não participa do grupo que está observando. É o caso do jornalista sociólogo que procura observar e analisar a interação entre os indivíduos de um grupo de 11 jogadores de um mesmo time de futebol.

Já na observação participante, o observador participa da vida do grupo que vai observar. É o caso do sociólogo que se torna jogador de futebol para observar de dentro do grupo a interação social entre os jogadores; ou daquele que vive alguns meses na prisão, entre moradores de rua etc., para estudar o comportamento social nesses grupos.

Questionário e entrevista

O questionário compõe-se de uma série de perguntas escritas para serem respondidas por um determinado número de pessoas. As respostas são tabuladas pelo pesquisador, que as organiza em tabelas, quadros, gráficos etc. e as interpreta à luz da literatura relativa ao assunto, elaborando suas conclusões.

Já a entrevista estabelece uma relação mais pessoal entre entrevistador e entrevistado. Geralmente é feita de forma oral, mas também pode ser feita por escrito, sendo que a primeira pode permitir ao entrevistador uma melhor compreensão do pensamento do entrevistado, já que pode perceber também seu gestual, sua reação diante das perguntas etc. Gravador ou celular são úteis para que nenhum detalhe seja esquecido.

Estudo de caso

Neste método, geralmente o pesquisador utiliza várias técnicas para levantar o maior número possível de informações sobre o fato estudado. Suponhamos que um aluno se mantém isolado em relação ao resto da turma, não conversa com ninguém, não participa das atividades coletivas, dificilmente faz perguntas em classe etc. Trata-se de um caso individual, que o pesquisador pode estudar utilizando vários métodos: observar o comportamento do aluno na sala de aula e fora dela, conversar com ele, entrevistar professores e colegas de classe, visitar a família e conversar com os pais e irmãos etc. Em resumo, o sociólogo procura levantar o maior número de dados sobre o aluno, com vistas a descobrir os fatores que o levaram ao isolamento.

De um modo geral, o cientista social lança mão de alguns ou de todos esses métodos, de acordo com as exigências do tema e os objetivos da sua pesquisa. Além disso, é importante destacar que é preciso organizar e analisar os dados coletados, para que ele possa desenvolver o seu estudo, a sua reflexão, em busca da compreensão integral do caso estudado, podendo daí resultar sugestões aos professores, aos colegas, aos pais etc., com vistas ao encaminhamento do aluno.

Método experimental

Neste método, modifica-se uma das variáveis que influenciam o comportamento de um grupo, mantendo-se as outras constantes. Suponhamos que desejamos saber se a abolição das provas na escola aumenta a cooperação entre os alunos. A hipótese é a de que as provas aumentam o nível de competição e, portanto, diminuem os comportamentos de cooperação.

Selecionam-se duas turmas: numa continuam as provas (grupo de controle); na outra, as provas são abolidas (grupo experimental). Os dois grupos devem ter as mesmas características: idade, série, condição econômica, a mesma atuação dos professores etc. A única diferença é que uma turma faz provas e a outra, não. E o grupo não pode saber por que as provas foram abolidas.

No final de um certo período, um semestre ou um ano letivo, um observador pode anotar, durante determinado tempo, o número de comportamentos de cooperação das duas turmas para concluir se eles aumentaram ou não no grupo em que as provas foram abolidas.

É claro que é apenas um simples exemplo, sujeito a muitas outras influências externas aos dois grupos e que fogem ao controle do cientista social. É muito difícil que nos dois grupos as variáveis sejam rigorosamente idênticas, exceto as provas; há outros fatores desconhecidos que influenciam o comportamento humano; variáveis podem ter sido modificadas no grupo experimental sem que o pesquisador tenha percebido etc. Num experimento real, deve existir a separação total dos grupos, por exemplo, o que não acontece numa escola.

O campo profissional do sociólogo

O trabalho do sociólogo constitui atualmente, no Brasil, uma profissão legalmente regulamentada pelo governo federal. Para tornar-se sociólogo, o indivíduo precisa graduar-se no curso superior de Ciências Sociais. Obtido o registro de sociólogo, passa a dispor de várias possibilidades de atuação: na escola, na indústria, em empresas comerciais e de prestação de serviços, junto a órgãos governamentais, em instituições de assistência social, em centros de pesquisa etc.

Na escola, se tiver cursado Licenciatura, o sociólogo pode lecionar Sociologia no ensino médio. Na indústria, pode atuar nos campos da organização do trabalho, das relações entre as diversas categorias ocupacionais: chefes e subordinados, sindicatos e empresas etc. Já em empresas comerciais e de prestação de serviços, órgãos governamentais, instituições de assistência social, centros de pesquisa e organizações similares, a atuação do sociólogo está mais voltada a estudos e pesquisas de opinião pública, de aspirações comunitárias, condições de vida e outros aspectos sociais de interesse desses organismos.

A SOCIOLOGIA E O TRABALHO PEDAGÓGICO

A educação não acontece só na escola. Talvez nem seja a educação escolar a que mais influência exerce sobre o desenvolvimento dos indivíduos. Entretanto, como este livro se dirige a professores atuais e futuros, é à educação escolar que damos mais atenção.

E o que tem a ver a Sociologia com a educação escolar? Muito! Pois a escola não está isolada em relação à comunidade e à sociedade em que está inserida. A escola é, até certo ponto, reflexo das condições e das exigências estabelecidas pela sociedade, em seu sentido mais amplo, e pela comunidade, no mais restrito. Por outro lado, mesmo no interior da escola, multiplicam-se os grupos sociais. Esses grupos – de alunos, de professores, de gestores etc. – têm enorme influência sobre o comportamento dos alunos e a sua educação. Até dentro da sala de aula, apesar do controle que pode ser exercido pelo professor, as influências das condições sociais do aluno e dos grupos dos quais participa dentro e fora da escola não podem ser menosprezadas.

Pode-se dizer que a contribuição da Sociologia da Educação ao trabalho pedagógico abrange pelo menos dois aspectos básicos:

- O estudo dos processos e das influências sociais envolvidos na atividade educativa, em especial na escola. Incluem-se aqui os processos de interação dos indivíduos e de organização social, bem como as influências exercidas pela sociedade, pela comunidade e pelos grupos sobre a educação.

- A aplicação das descobertas e dos conhecimentos da Sociologia à atividade educativa. Ou seja, a utilização da Sociologia e de seus princípios para tornar mais eficiente e eficaz o processo educativo.

No decorrer deste livro procuramos ter sempre presentes esses dois aspectos: o teórico, de conhecimento da realidade educacional, e o prático, de mudança para melhor dessa mesma realidade a partir desse conhecimento.

Das considerações feitas ao longo da obra, podemos concluir que a Sociologia da Educação dá atenção a, pelo menos, três grandes áreas de estudo:

- em nível mais particular, à organização social da sala de aula;
- em nível intermediário, à interação entre a escola e a comunidade;
- em nível mais geral, à relação entre a educação e a sociedade em seu sentido mais amplo.

Desse modo, com as reflexões e os conhecimentos desenvolvidos ao longo do curso de Sociologia da Educação, espera-se que o professor tenha melhores condições de realizar o seu trabalho pedagógico. Porém, o mais importante é que ele esteja sempre aberto à aprendizagem constante no dia a dia do seu trabalho escolar. Pois, de acordo com um personagem de *Grande sertão: veredas*, de Guimarães Rosa: "o real não está na saída nem na chegada: ele se dispõe para a gente é no meio da travessia".

TEXTO COMPLEMENTAR

Como ensinar em um país mais pobre, desigual e triste?

O Brasil que emerge da pandemia é mais pobre, mais desigual e mais triste, segundo a pesquisa "Bem-Estar Trabalhista, Felicidade e Pandemia", publicada pelo economista Marcelo Neri. O desafio de ensinar se tornou ainda mais complexo e não será enfrentado apenas com instrumentos de uma boa política educacional, o que torna os municípios protagonistas dessa retomada.

Neri calculou indicadores objetivos de prosperidade, desigualdade e bem-estar, assim como realizou uma pesquisa para definir uma medida subjetiva de felicidade. Seus resultados indicam o tamanho do desafio que enfrentaremos nos próximos anos.

A renda média do brasileiro (incluindo os informais e os sem trabalho) avançou seu nível mais baixo, caindo cerca de 11% na pandemia, com a renda da metade mais pobre caindo cerca de 21%, quase o dobro. A desigualdade atingiu o topo da série histórica [...].

Neri calculou ainda dois índices de bem-estar social, um objetivo, construído a partir da combinação entre a média geral de renda e desigualdade, e um subjetivo, uma nota atribuída pelas pessoas ao seu nível de satisfação com a vida.

O índice objetivo de bem-estar permaneceu constante entre 2012 e 2020 e despencou 19,4% durante a pandemia. Já o subjetivo alcançou seu pior resultado desde 2006, puxado pela redução da felicidade entre os mais pobres, uma vez que o índice se manteve estável entre os mais ricos.

[...]

Mais da metade dos brasileiros (117 milhões de pessoas) vai dormir hoje sem saber se terá algo para comer amanhã. Durante a pandemia o número de despejos e reintegrações de posse cresceu, jogando ainda mais pessoas na rua.

O que os estudos nos dizem sobre os desafios da educação pública para os próximos anos?

Que a boa política educacional é necessária, mas não suficiente. Ao lado de bons protocolos para garantir o ensino presencial seguro ou à distância, do investimento na formação dos professores, dos materiais pedagógicos, conectividade das escolas e infraestrutura, é preciso atacar as diversas dimensões da pobreza de forma estruturada, no território.

A fome, a violência, a desestruturação familiar, a vida em moradias precárias, o racismo estrutural ganham formas e rostos nas cidades. E são os municípios os responsáveis por articular a proteção social no território, mesmo de programas estaduais e federais, como o Bolsa Família.

[...]

A verdade é que a educação já não ia bem, estamos mais pobres, mais desiguais e mais tristes do que no passado. Ninguém aprende com fome, tampouco em uma escola sem estrutura, projeto e educadores preparados. Não há escolha possível senão de tratar dos problemas reais de nossos estudantes e suas famílias e apoiar nossas escolas para que possam cumprir seu dever cívico de garantir a aprendizagem de todos.

(SCHNEIDER, Alexandre. Como ensinar em um país mais pobre, desigual e triste? *Folha de S. Paulo*, 01 jul. 2021. Disponível em: <https://www1.folha.uol.com.br/colunas/alexandre-schneider/2021/07/como-ensinar-em-um-pais-mais-pobre-desigual-e-triste.shtml>. Acesso em: 12 ago. 2021.)

QUESTÕES PROPOSTAS

1. Em poucas palavras, como pode ser definida a Sociologia?

2. Que fatores contribuíram para o seu surgimento nos séculos XVIII e XIX?

3. Escreva sobre a importância da Sociologia para o trabalho do professor.

4. Como ensinar em um país mais pobre, desigual e triste?

Bibliografia

ADAS, Melhem. *Fome: crise ou escândalo*. 15. ed. São Paulo: Moderna, 1988.
ALFANO, Bruno. Cidades pobres recebem menos recursos para merenda. *O Globo*, 01 jul. 2021, Disponível em: <https://oglobo.globo.com/brasil/educacao/cidades-pobres-que-sao-mais-dependentes-de-verba-federal-recebem-menos-recursos-para-merenda-diz-relatorio-do-governo-25084898#:~:text=Brasil%20Educa%C3%A7%C3%A3o-,Cidades%20pobres%2C%20que%20s%C3%A3o%20mais%20dependentes%20de%20verba%20federal%2C%20recebem,merenda%2C%20diz%20relat%C3%B3rio%20do%20governo>. Acesso em: 13 ago. 2021.
ALTHUSSER, Louis. *Aparelhos ideológicos do Estado*. Rio de Janeiro: Graal, 1983.
ALVES, Rubem. Depoimento apresentado no Fórum de Educação do Estado de São Paulo, promovido pela Secretaria de Educação em agosto de 1983.
ARENDT, Hannah. *Entre o passado e o futuro*. 5. ed. São Paulo: Perspectiva, 2002.
AYALA, Marcos; AYALA, Maria N. *Cultura popular no Brasil*. São Paulo: Ática, 1987.
AZANHA, José M. P. *Educação*: alguns escritos. São Paulo: Nacional, 1987.
_____. *Educação*: temas polêmicos. São Paulo: Martins Fontes, 1995.
AZEVEDO, Fernando de. *Sociologia educacional*. 4. ed. São Paulo: Melhoramentos, 1957.
BEISIEGEL, Celso de R. *Estado e educação popular*. São Paulo: Pioneira, 1974.
_____. *Política e educação popular*. São Paulo: Ática, 1982.
BENEVIDES, Maria V. M. *A cidadania ativa*. São Paulo: Ática, 1991.
BERGER, Peter L.; BERGER, Brigitte. Socialização: como ser um membro da sociedade. In: FORACCHI, Marialice M.; MARTINS, José de S. *Sociologia e sociedade*. Rio de Janeiro: Livros Técnicos e Científicos, 1978.
BOSI, Ecléa. *Cultura de massa e cultura popular*. 2. ed. Petrópolis: Vozes, 1973.
BOURDIEU, Pierre; PASSERON, Jean C. *A reprodução*. 2. ed. Rio de Janeiro: Francisco Alves, 1982.
BOTTOMORE, T. B. *Introdução à Sociologia*. 3. ed. Rio de Janeiro: Zahar, 1970.
BRANDÃO, Carlos R. (org.). *A questão política da educação popular*. 5. ed. São Paulo: Brasiliense, 1985.
BROOM, Leonard; SELZNICK, Philip. *Elementos de Sociologia*. Rio de Janeiro: Livros Técnicos e Científicos, 1979.
CANZIAN, Fernando. Sem perspectivas, metade dos jovens quer deixar Brasil. *Folha de S. Paulo*, 21 jun. 2021. Disponível em: <https://www1.folha.uol.com.br/mercado/2021/06/sem-perspectivas-metade-dos-jovens-quer-deixar-brasil.shtml>. Acesso em: 10 ago. 2021.
CARNAÚBA, Valquíria. Jovens desenvolvem dependência de redes virtuais. Revista Entreteses. São Paulo, Unifesp, n. 6, jun. 2016, p. 72-4.
CATANI, Afrânio Mendes. *O que é capitalismo*. 8. ed. São Paulo: Brasiliense, 1982.
CATANI, Denice et al. (org.). *Universidade, escola e formação de professores*. São Paulo: Brasiliense, 1986.
COHEN, Bruce. *Sociologia geral*. São Paulo: McGraw-Hill, 1980.
CUNHA, L. A. *Educação e desenvolvimento social no Brasil*. Rio de Janeiro: Francisco Alves, 1975.
DEWEY, John. *Vida e educação*. São Paulo: Melhoramentos, 1978.
DURKHEIM, Émile. *Educação e Sociologia*. 11. ed. São Paulo: Melhoramentos, 1978.
_____. *As regras do método sociológico*. São Paulo: Abril, 1973. (Col. Os Pensadores).
FARR, R. *O fracasso do ensino*. Rio de Janeiro: Codecri, 1982.
FOUCAULT, Michel. *Microfísica do poder*. 6. ed. Rio de Janeiro: Graal, 1986.
FREIRE, Paulo. *Pedagogia do oprimido*. 3. ed. Rio de Janeiro: Paz e Terra, 1975.
GADOTTI, Moacir. *Concepção dialética da educação*. 2. ed. São Paulo: Cortez, 1983.
GAVRAS, Douglas. Desigualdade cresce e 1% no topo da pirâmide do Brasil concentra metade da riqueza. *Folha de S. Paulo*, 25 jun. 2021. Disponível em: <https://www1.folha.uol.com.br/mercado/2021/06/desigualdade-cresce-e-1-no-topo-da-piramide-do-brasil-concentra-metade-da-riqueza.shtml>. Acesso em: 18 jul. 2021.

GUSDORF, Georges. *Professores para quê?* 2. ed. Lisboa: Moraes Editores, 1970.

HORTON, Paul B.; HUNT, Chester L. *Sociologia*. São Paulo: McGraw-Hill, 1980.

HUNT, E. K.; SHERMAN, H. S. *História do pensamento econômico*. 3. ed. Petrópolis: Vozes, 1982.

ILLICH, Ivan. *Sociedade sem escolas*. 2. ed. Petrópolis: Vozes, 1973.

KILPATRICK, William H. *Educação para uma civilização em mudança*. São Paulo: Melhoramentos, 1967.

LEAL, Antônio. *Fala Maria Favela*. 12. ed. São Paulo: Ática, 1993.

LIMA, Lauro de O. *Mutações em educação segundo McLuhan*. Petrópolis: Vozes, 1971.

_____. *Pedagogia*: reprodução ou transformação. São Paulo: Brasiliense, 1982.

LINTON, Ralph. *O homem*: uma introdução à Antropologia. 8. ed. São Paulo: Martins, 1971.

LOBROT, Michel. *A favor ou contra a autoridade*. Rio de Janeiro: Francisco Alves, 1977.

MANNHEIM, K.; STEWART, W. A. C. O subgrupo de ensino. In: PEREIRA, Luís; FORACCHI, Marialice (orgs.). *Educação e sociedade*. São Paulo: Nacional, 1964.

MANNONI, Maud. *Educação impossível*. Rio de Janeiro: Francisco Alves, 1977.

MARX, Karl; ENGELS, Friedrich. *Manifesto do Partido Comunista*. Rio de Janeiro: Vitória, 1948.

MELLO E SOUZA, Antonio Candido de. A estrutura da escola. In: PEREIRA, Luís; FORACCHI, Marialice (orgs.). *Educação e sociedade*. São Paulo: Nacional, 1964.

MUDANÇA CLIMÁTICA: veja em 7 pontos como será a vida na Terra nos próximos 30 anos, segundo a ONU. G1, 23 jun. 2021. Disponíve em: https://g1.globo.com/natureza/aquecimento-global/noticia/2021/06/23/mudancas-climaticas-entenda-em-7-temas-os-principais-impactos-pelos-proximos-30-anos-de-acordo-com-especialistas-da-onu.ghtml. Acesso em: 07 ago. 2021.

PILETTI, Ana Cristina da C. *Entre os fios e o manto*: tecendo a inclusão escolar. São Paulo: Loyola, 2014.

PILETTI, Claudino; PILETTI, Nelson. *História da Educação*: de Confúcio a Paulo Freire. 2. ed. São Paulo: Contexto, 2021.

PILETTI, Nelson. *Educação brasileira*: a difícil democratização. Florianópolis: Edição do autor, 2020.

_____; ROSSATO, Geovanio. *Educação básica*: da organização legal ao cotidiano escolar. São Paulo: Ática, 2010.

PRAXEDES, Walter. *A educação reflexiva na teoria social de Pierre Bourdieu*. São Paulo: Loyola, 2015.

_____; PILETTI, Nelson. *Principais correntes da Sociologia da Educação*. São Paulo: Contexto, 2021.

PRAXEDES, Rosângela Rosa; PRAXEDES, Walter. *Educando contra o preconceito e a discriminação racial*. São Paulo: Loyola, 2014.

QUEIROZ, Maria Isaura P. de. *Cultura, sociedade rural, sociedade urbana no Brasil*. Rio de Janeiro: Livros Técnicos e Científicos, 1978.

RADICE, Lucio L. *Educação e revolução*. Rio de Janeiro: Paz e Terra, 1968.

RAPAZES DA ESCOLA DE BARBIANA. *Carta a uma professora*. 4. ed. Lisboa: Presença, 1982.

REIMER, Everett. *A escola está morta*. Rio de Janeiro: Francisco Alves, 1975.

ROSSATO, Geovanio; ROSSATO, Solange M. *Educando para a superação do bullying escolar*. São Paulo: Loyola, 2013.

SANTOS, Joel Rufino dos. *História do Brasil*. São Paulo: Marco Editora, 1979.

SAVIANI, Dermeval et al. *Desenvolvimento e educação na América Latina*. São Paulo: Cortez e Autores Associados, 1985.

SCHNEIDER, Alexandre. Como ensinar em um país mais pobre, desigual e triste? *Folha de S. Paulo*, 01 jul. 2021. Disponível em: <https://www1.folha.uol.com.br/colunas/alexandre-schneider/2021/07/como-ensinar-em-um-pais-mais-pobre-desigual-e-triste.shtml>. Acesso em: 12 ago. 2021.

SEVERINO, Antônio J. *Educação, ideologia e contra-ideologia*. São Paulo: EPU, 1986.

SOARES, Magda. *Alfaletrar*: toda criança pode aprender a ler e a escrever. São Paulo: Contexto, 2020.

SOUZA, Edela L. P. de. *Desenvolvimento organizacional*. São Paulo: E. Blücher, 1975.

WANDERLEY, Luiz E. W. *Educar para transformar*. Petrópolis: Vozes, 1984.

XAVIER, Maria E. S. P. *Capitalismo e escola no Brasil*. Campinas: Papirus, 1990.

O AUTOR

Nelson Piletti é graduado em Filosofia, Jornalismo e Pedagogia; mestre, doutor e livre-docente em Educação pela Universidade de São Paulo (USP); ex-professor do ensino fundamental e médio; ex-professor de Sociologia do ensino médio e superior; professor aposentado do Departamento de Filosofia da Educação e Ciências da Educação da Faculdade de Educação da USP. Pela Contexto, é autor do livro *Aprendizagem: teoria e prática*, além de coautor de *O Brasil no Contexto 1987-2017*; *Dom Helder Camara: o profeta da paz*; *Psicologia do desenvolvimento*; *Psicologia da aprendizagem*; *História da educação* e *Principais correntes da Sociologia da educação*.

GRÁFICA PAYM
Tel. [11] 4392-3344
paym@graficapaym.com.br